AF220295

Shakti Morgane's

Buch der Schatten

Ein Ratgeber
für
das Seelenheil

Shakti Morgane's Buch der Schatten

Ich rufe die Große Göttin herbei,
in Gestalt der mächtigen Drei.
Nimm weg das Übel
und mach mich frei.
Hilf mir jetzt und steh mir bei.
Das ist mein Wille. Damit es so sei.

***

Das Übel weicht vor dem zurück, der die Sonne im Herzen hat.
(Isis, altägyptische Göttin)

Buch der chatten
©2019 Christiane Hausmann
Autorin: Shakti Morgane (Pseudonym)
Herstellung und Verlag: BoD – Books on Demand, Norderstedt
ISBN: 9783754316054
verbesserte Neuauflage 2021

Titelbild von kai kalhh auf Pixabay
Abbildung auf S. 19 von Peter Lomas auf Pixabay; S. 20:
Bildungszentrum Tai Ji Quan; S. 18 u. S. 41 Esther Casla;
S. 45 OpenClipart-Vectors auf Pixabay; S. 70 John Hain auf
Pixabay; S. 24 Aline Ponce auf Pixabay; S. 55, S. 74 u. S. 99
Clker-Free-Vector-Images auf Pixabay
www.shaktimorgane.de

Inhaltsverzeichnis

Weibliche Stärke und spirituelle Naturkraft

Es liegt in der weiblichen Natur, sich mit den Schwingungen und Elementen in der Welt und in sich selbst zu verbinden, um neues Leben hervorzubringen, zu schützen, zu nähren und zu erhalten. Diese Fähigkeit wurde Frauen zunehmend zum Verhängnis als sie nicht mehr zum unmittelbaren Überleben gebraucht wurde. Die besondere Fähigkeit des weiblichen Teils der Menschheit, mit der Natur zu kommunizieren und mittels psychischer Kraft Veränderungen herbei zu führen, wurde im Laufe der Geschichte als überlebenswichtig vergessen und, auch von den Frauen selbst, immer weniger verstanden. In der Zeit vom ca. 14. - 18. Jh. wurde in Europa diese Fähigkeit zunehmend dämonisiert und als 'mit dem Teufel im Bunde' verunglimpft, und zum Vorwand benutzt, ca. 1 Million Menschen, insbesondere Frauen, mittels der Inquisition zum Sündenbock zu machen und auszurotten.

Erst in der heutigen Zeit dank der Tatsache, dass sich eine aufgeklärte Wissenskultur etabliert hat, ist man wieder in der Lage, die menschliche Natur zu entmystifizieren und sowohl religiösen als auch ideologischen Wahn in seine Schranken zu verweisen.

In Überlieferung, Literatur und Kunst finden sich Zeugnisse vom zum Teil erfolgreichen Umgang mit diversen psychischen Zuständen, in die der Mensch geraten kann, wenn es darum geht, 'böse' Ereignisse abzuwehren, um sein Leben zu gestalten.

Jedoch kennzeichnet den modernen Menschen im Allgemeinen mangelnde Seelenstärke bzw. mangelnde persönliche Kraft (psych.: 'abhängige Persönlichkeitsstörung') angesichts von Widrigkeiten im Leben. Zudem bringt heutzutage der Neid auf die weibliche Potenz der Gebärfähigkeit eine postmoderne Form der 'Hexenjagd' hervor: *man will die Frau als Mutter möglichst abschaffen, um die Natur durch die künstliche Schöpfung der patriarchalen Wissenschaft zu ersetzen.* (von Werlhof)

Daher ist im Zeitalter des technischen Fortschritts auch der Anstieg der Sehnsucht des modernen Menschen nach den abhanden gekommenen Fähigkeiten, mit der Natur zu kommunizieren - eine Fähigkeit, die große seelische Kraft verspricht – vermehrt zu beobachten.

Eine Ahnung von solch seelischer Kraft vermittelt der bekannte, im 20. Jahrhundert publizierte Roman von M. Bulgakov: "Der Meister und Margarita".

Bulgakov thematisiert in diesem Roman den Widerspruch zwischen Determinismus und Voluntarismus in der Sowjetunion der Stalinzeit. Seine Lösung des Problems: das Okkulte! Der 'Teufel' holt die Technokraten! Denn die Moral von der Geschichte heißt hier: wer es schafft, seine Angst zu überwinden und somit seine Schmerzen in Entspannung zu verwandeln, wie Margarita, der trägt dazu bei, dass in die Welt seiner Widersacher aus dem Verborgenen das Chaos hereinbricht. Es geht zum Zwecke der Seelenstärkung angesichts von Widrigkeiten demnach um emotionale Transformation! Die 'Geister', die das Chaos bei Margaritas Widersacher erzeugen, sind aus einem Paralleluniversum in die Wirklichkeit gewechselt, um Margarita zuhilfe zu eilen. Sie wurden herbeigerufen durch Margaritas Fähigkeit zur emotionalen Transformation.

Magie ist eine unabhängige Energie. Sie steht jedem von uns zur Verfügung und wird aktiviert durch emotionale Transformation. Grundvoraussetzung hierfür ist die Fähigkeit zu entspannen. Dann wird Magie zu einer wirkenden Kraft. Entspannung wiederum bedeutet, ein Problem zu lösen, solchen Emotionen wie Wut, Angst, Wahn etc. - die Schatten! - auf den Grund zu gehen. Jeder von uns kann durch Reinigung des 'Herzens' (Selbsterkenntnis!) seine Seele stärken und dadurch Kräfte aus der Unterwelt zur Lösung seiner Probleme einsetzen.

Das 'Buch der Schatten' hilft, sich daran zu erinnern, welche spirituellen Werkzeuge bei der Auflösung von 'Schatten' (Jung) geholfen haben und welche magischen Handlungen von Erfolg gekrönt waren.

Gleichgewicht

Unbemerkte Ängste, unentdeckte Manipulationen, negative Emotionen und Gedanken – die Schatten – machen auf die Dauer krank. Krankheit ist in spiritueller Hinsicht ein Ungleichgewicht, ist Einseitigkeit in Bezug zur Kraft, die ausgleicht.

Krankheit ist ein Antriebskonflikt (z. B. zwischen Sexualtrieb und Nahrungstrieb) wegen persönlicher Ungleichgewichte aufgrund von Verstrickungen.

Mittels Krankheit erinnert uns unser Körper, der gehorsame Diener unserer Seele, daran, dass wir eine Seele haben, der wir endlich einmal zuhören sollten.

Aber man kann das Leiden auch als persönliches Schicksal akzeptieren, nach dem Motto: das Sterben gehört nun einmal zum Leben dazu, da kann man nichts machen.

Das ist aber nicht dasselbe wie:

'Gerade heute sorge Dich nicht, ärgere Dich nicht, sei dankbar, sei freundlich, kümmere Dich um Deine Lebensumstände.'
(Usui)

In diesem Fall muss man schon aktiv das Gleichgewicht suchen und wiederfinden, indem man sich um seine Lebensumstände selbst kümmert.

Leben ist Gleichgewicht, Ausgleich. Wenn jemand krank ist, hat er seine Mitte verloren.

Das Ausgleichen der Schwingungen kann durch Bewegung erfolgen, in dem wir oben und unten, rechts und links, vorn und hinten, innen und außen z.B. im Tanz integrieren und ausgleichen. Der Körper macht die Bewegung und die Seele folgt nach.

Eine Seele ist ein Lichtwesen. Der göttliche Funke in uns. Die Seele agiert nach eigenen Regeln, denen der Ma'at (große Göttin), und protestiert gegen den Charakter, wenn der sich zu weit von der Ma'at entfernt. Der Körper reagiert mit Unwohlsein bis hin zur Krankheit. Deswegen wollen in dem Fall Schamanen die Seele zurück holen.

'Ein Schamane ist ein Seher. Ein Schamane hat einen Schutzgeist. Von ihm bekommt er Kraft.

Der Schamane beweist sich in unterschiedlichen Bewusstseinszuständen. Der Schamane ist ein Kraft-Verteiler. Es geht um geistige Kraft.

Seelenrückholung ist Schutzgeistrückholung bzw. Krafttier-Rückholung.

Wenn jemand mutlos wurde, dann reise der Schamane in die Unterwelt und holte das Krafttier zurück. Der zurück geholte Schutzgeist (Krafttier) wird erst in die Brust, dann in die Fontanelle am Kopf des Patienten geblasen.' (Harner)

Die 'andere Seite' (Silva) / Anderswelt aus der der Schamane den Schutzgeist (die Seele) zurückholt, ist die Unterwelt / Astralwelt und die Frustration / Emotion ist gleichzeitig der Treibstoff zum Umwandeln der Emotion. Man kann aber auch selbst die Körperfrequenz ändern und z.B. in den alpha-Zustand (Trance) gehen und das Höhere Selbst, den unsterblichen Teil des Selbst, bitten, die Frustration in etwas anderes, wie z. B. Wunscherfüllung / Bedürfnisbefriedigung, umzuwandeln. Das funktioniert in jedem Fall. Bei Frustration immer die eigene Mitte / Entspannung suchen, das beinhaltet gleichzeitig:

- das Gleichgewicht
- die Gegenseitigkeit
- die Überwindung des durch Einseitigkeit entstandenen inneren Widerstands
- die 'Makellosigkeit' (Castaneda)

'Vampire' / Energieräuber

Wenn jemand in einer Familie sehr krank ist, liegt oft ein Fall von Energievampirismus (emotionaler Missbrauch) vor. Zum Beispiel werden alle, die an Verlassenheit leiden, zu Energievampiren. Der eine 'Vampir' (Narzisst) schafft den anderen 'Vampir'. Jeder, der von einem 'Vampir' ausgesaugt wurde, wird selbst zum 'Vampir'.

'Vampire' sind aufgrund eines Verlassenheitstraumas in der Kindheit und / oder früheren Leben auf der ewigen Suche nach Liebe. Sie sind jedoch unfähig zur Liebe. Sie saugen andere aus, weil sie sie nur benutzen, um ihren Durst zu stillen. Sie können selbst nichts geben, weil sie keine Liebe bekommen haben. 'Vampire' sind frech. Sie stehlen anderen die Lebenskraft.

Sucht kommt von siechen, wegen Vampirismus dahinsiechen. Der Süchtige will vor sich selbst weglaufen, er will vor seinen Schmerzen weglaufen. Ohne Drogen wird daraus eine Depression. Etwas zieht den Süchtigen ins Jenseits, das muss er sich anschauen. Ein Suchtcharakter hat die Schmerzvermeidungsstrategie entwickelt, sich selbst an den Rand oder außerhalb der Gruppe zu stellen. Die Gruppe ist aufgrund ihres Vampirismus zu schmerzhaft für ihn und kann nicht ohne Drogen ertragen werden.

Sich langweilen heißt, einen 'Vampir' am Hals haben. Sich langweilen bedeutet, du verschwendest deine Zeit, deine Lebenszeit.

Die einzige Möglichkeit dem Anspannungsgefühl, das aus der Langeweile resultiert, zu entkommen besteht nach Dufour darin, sich auf den Körper im 'Hier und Jetzt' zu besinnen und die 'Denke' abzuschalten, den plappernden Verstand ruhen zu lassen. *Wenn aber der Verstand ruht, gibt es keine Zeit und somit auch keine Zeit zu verschwenden durch Langeweile.* (Buddha)

'Den Verstand ruhen lassen' heißt meditieren. Meditieren heißt, das Gedankenkarussel zu stoppen.

Meditation ist die Schule des Geistes. Mittels 'Geist' änderst du deine Körperschwingung. Die Körperschwingung musst du ändern, wenn du dich unwohl fühlst. Es geht darum, eine niedrige Frequenz in eine hohe Frequenz zu transformieren. Die Buddhanatur ist eine bestimmte hohe Körperschwingung. Du gehst in den alpha-Zustand und konzentrierst dich auf Farbe, Licht oder rufst die göttliche Schwingung, indem du dich in die Bewegung beim Bauchtanz einfühlst, oder konzentrierst dich auf ein Symbol, oder rezitierst ein Mantra, solange bis du ruhig und entspannt bist. Das genügt vollkommen. Deshalb meditiere zum Zwecke der Transformation von Schwingung immer bei Unwohlsein.

Die Umwandlung von Negativität (Verdunklung des Geistes / Schatten) ist notwendig, weil Negativität uns über kurz oder lang in den Tod treibt, denn *'Energie folgt der Aufmerksamkeit'* (Kahili King).

Das beste Umwandlungsmittel für Schatten, das ich kenne, ist Bauchtanz in Kombination mit Meditation, da dieser Tanz aus einer Zeit stammt als man das Leben feierte und anbetete (Fruchtbarkeitskult / der 'Alte Pfad'), während Meditation den

Geist schult. Die Umwandlung von Schatten bewirkt der Geist über den Körper durch die Änderung der Körperfrequenz, wenn man sich im Tanz in die dem eigenen Geist entsprechende Schwingung hineinsteigert. Zu diesem Zweck muss man die dem eigenen Geist entsprechende Schwingung (Musik) kennen. Die Vielzahl der seit Jahrtausenden überlieferten Rhythmen und Bewegungskombinationen des Orientalischen Tanzes stellt für jeden Geist die entsprechende Schwingung bereit und garantiert somit wieder die Änderung der Körperschwingung in Richtung Leben / Freude.

Plötzlich fett

Die Krankeit unserer Zeit ist die Bedeutungslosigkeit (die Ignoranz!).

Daraus resultierende Emotionen / Frustrationen / Schatten, die nicht wahrgenommen werden, führen zu 'Frustfraß' und machen dick. Der Dicke versucht 'innere Leere' wegzuessen. Der Held in dem TV-Film *„Plötzlich fett!"* (SAT.1, 2011) musste lernen, dass die dicke Frau offensichtlich Macht über ihn hat, ihre Bedeutung anerkennen und entsprechend handeln.

Fazit des TV-Films: Du kannst andere nicht ignorieren, wenn sie Macht über dich haben.

Warum haben sie Macht über dich? Weil wir alle im Unbewussten / in der Unterwelt, auf der feinstofflichen Ebene miteinander verbunden sind!

Wenn du ignoriert wirst, dann musst du deine Macht demonstrieren. Du darfst nicht auf deinen negativen Emotionen / Schatten 'sitzen bleiben'. Im Mittelpunkt stehen deine Emotionen. Sie sind Teil deiner Lebenskraft. Negative Emotionen deuten auf blockierte Energie und die muss wieder verfügbar gemacht werden. Wenn du negative Emotionen verfügbar machst indem du sie umwandelst, kontrollierst du deine Energie selbst, du bist wieder frei und dein Energielevel steigt. Wie kontrollierst du deine Emotionen selbst? Zunächst einmal, indem du entscheidest, sie nicht von anderen kontrollieren zu lassen. Indem du einen Beschluss fasst. Präge dir folgende Vorgehensweise ein:

1. Selbsterkenntnis (Überlege dir was du wirklich willst, ggf. Orakel befragen),
2. Grenzen setzen (z.B. auch mal ‚Nein‘ sagen können), einen Beschluss fassen, ggf. einen Spruch daraus machen
3. Energie bündeln (deine Emotionen akzeptieren und beim Namen nennen),
4. achtsam sein (bei dir selbst bleiben, körperliche Entspannung erreichen durch Energielenkung bzw. Emotion projizieren, entweder mit einem Fluch oder mit einem Loslassen-Mantra, siehe S. 53, solange bis du dich gut fühlst)
5. das segnen, was einem gefällt (wähle und bewundere was du willst, ggf. das Abwesende benennen und anrufen)
6. erfülle dir deine vermeintlich unerfüllbaren Wünsche in der Vorstellung, kreiere deine Vision
7. werde dir deiner Wahl bewusst und stehe auch weiterhin dazu, lass dich nicht davon ablenken.

Kurz:

1. überlegen was man wirklich will
2. einen Beschluss fassen
3. Emotion benennen
4. Energie lenken
5. wählen was man wirklich will
6. Vision kreieren
7. sich nicht ablenken lassen

Wenn du diese Regeln im täglichen Leben einhältst sobald du negative Emotionen verspürst, wirst du die Kontrolle über deine Tiernatur behalten und die innere Haltung eines Kriegers erwerben: Du bist bei deinen Handlungen fortan gleichzeitig kontrolliert und losgelöst, also angstfrei.

In der Hohen Magie bzw. der ‚inneren Alchemie' gehört zur Emotionenkontrolle erstens die Erkenntnis der ‚dämonischen' Absicht und zweitens eine dieser Absicht entsprechende zu kultivierende entgegen gesetzte innere Einstellung.

Wenn wir das am Beispiel der Ignoranz einmal verdeutlichen, dann könnte die existierende ‚dämonische' Absicht folgendermaßen aussehen:

> Indem die Zeitgenossen mich ‚wie Luft' behandeln, wollen sie mich klein halten und meinen Selbstausdruck verhindern. (Daher die ‚innere Leere'!)

Die zu kultivierende innere Einstellung, die entgegen gesetzte Absicht, der Zauberspruch, das Mantra, ist dann unter Benennung der abwesenden Dinge folgende:

> Ich wähle, die beabsichtigte Negation meiner Person abzulehnen und bin dankbar, dass sich alles in Wohlgefallen aufgelöst hat.

Probiere das Gesagte anhand deiner negativen Emotion selbst aus, indem du die Ursache deiner Emotion erforschst und benennst, die entsprechende entgegen gesetzte Absicht kreierst und innerlich viele male wiederholst. Im Falle von ‚Frustfraß' wiederhole den Spruch anstatt zu essen immer wenn der zusätzliche Appetit kommt. Wenn dein innerer Friede daraufhin zurückkehrt, hast du erfolgreich deine Emotion gelenkt und du bist frei davon. Falls nicht, musst du an den mentalen Stellschrauben drehen und entweder die ‚dämonische' Absicht oder deine entgegen gesetzte innere Einstellung neu justieren oder beides, bis es für dich stimmt.

Transformation negativer Emotionen funktioniert auch mit einem Fluch, wie im o.g. Film nahegelegt wird, oder durch Tanz und Meditation (Konzentration), oder durch luzides Träumen. Luzide träumt man, wenn man im Traum bewusst die Dinge erledigt, die im Wachsein nicht machbar sind.

Luzides Träumen

Die Unterwelt bzw. die Astralwelt ist ein existierendes Medium, in das man während des Schlafes übergeht. Die Seele ist in einer anderen Dimension auf Wanderschaft. Diese Dimension ist nicht streng von der Realität im Wachsein getrennt. Während des Schlafes existiert das Bewusstsein des Menschen in einer anderen Frequenz (Gehirnwellen) weiter. Dimensionen unterscheiden sich durch die Frequenzen ihrer Schwingungen. Zugang zu einer anderen Dimension erhält man durch eine andere Körperschwingung. Mittels Meditation ändert man die Körperschwingung. Das tun buddhistische Mönche seit Jahrtausenden. Sie ändern ihre Körperschwingung bis der Körper z. B. zu schweben anfängt. Meditation ist die Konzentration der Gedanken auf einen Fokus, z.B. Licht, Farbe, Symbol, Vorstellung, Mantra, Atmung, Bewegung etc.. Offenbar kann man sich in der Meditation mittels Konzentration auf eine Welle einschwingen, in der sich Emotionen / Schatten verändern.

Drei Kräfte regieren das Universum: Shiva, Vishnu und Brahma (der Zerstörer, der Schöpfer und der Bewahrer / Ausgleicher) oder altägyptisch ausgedrückt: Hathor, Ra und Ma'at, wobei alle diese Kräfte ein und dasselbe sind – das All-Eine. Wenn ein Ungleichgewicht zwischen zwei Kräften eintritt und eine Kraft überwiegt, tritt die dritte 'auf den Plan' und sorgt wieder für Ausgleich. Auf der irdischen Ebene in sozialen

Beziehungen geschieht das aber nicht automatisch. Der Ausgleich erfolgt nur, wenn die dritte Kraft wahrgenommen wird.

Müdigkeit ist eine Art Trance, wenn man auf dem falschen Weg ist, zur Realität keinen Bezug hat. Inneres Feuer (Wärmegefühl) hat man, '*wenn die Seele in dem Bereich ist, wo der Geist der Wahrheit und des Lebens jeden Tag mit ihr kommuniziert, dann transformierst Du die Schwierigkeiten auf der irdischen Ebene'*. (Cayce)

Die vierte Dimension ist das Feinstoffliche / Astralebene, die Wirkungsebene, die Unterwelt, das Durchdringende und das Verbindende.

Der Ätherkörper des Menschen transportiert den Willen / Geist. Je höher die Schwingung des Ätherkörpers, desto wirkmächtiger der Mensch. Der Wille ist Teil der Unterwelt / Astralwelt.

Der Geist bewirkt Dinge, indem die Seele sie im bewussten (luziden) Traum tut.

Zum Zwecke des luziden Träumens musst du dir im Traum darüber bewusst sein, dass du träumst. Beginne die Übung damit, dass du im Traum deine Hände suchst. Steigere dich in dieser Übung allmählich, bis du während du träumst dir selbst im Traum zusehen kannst.

Wenn man seine Wirklichkeit selbst erträumt, dann sind prophetische Träume (Hellsehen) Ausdruck des eigenen Schaffens, des wirklichen Wollens, in der Unterwelt / Astralebene. „Sehen" bei Castaneda bedeutet: mit den Augen der Seele sehen. *Es gibt keine Grenzen.* (Kahili King)

Einschlaf-Meditation

Nachdem Du im Bett liegst und die Augen geschlossen hast, konzentriere Dich auf das Symbol des Sonnenrads. ⊕
Stell dir die Swastika als runde, sich drehende, aus   gleißendem

Licht bestehende Scheibe im Bereich des dritten Auges vor. Rezitiere dazu das Medizinbuddha-Mantra ‚*Om Bekandze Bekandze Maha Bekandze Radna Samudgate Soha*' und atme dabei immer ins Herzchakra ein und ins Sakralchakra aus.

Du wirst schnell einschlafen. Regelmäßig angewandt, wirst du allmählich im luziden Traum von alten Traumata und Blockaden befreit und deine Energie steigt stetig an.

Der 'Alte Pfad'

In grauer Vorzeit verehrte man die Natur in Form der Großen Göttin.

In der griechischen Mythologie *tanzt die Göttin wild in der Finsternis, bis sich Ophion, die große Schlange, hinter ihr erhebt. Sie ergreift die große Schlange, die sich mit ihr paart. Sie wird schwanger und gebiert das Licht.* (von Ranke-Graves) Diese Szene verdeutlicht wie Bewusstsein (*Licht*) geschaffen wird, eben ganz genauso wie neues Leben beim sexuellen Akt mit dem Körper, der sich in einen Rhythmus einschwingt, geschaffen wird. Die Schlange steht in dieser Szene stellvertretend für die Seele, und die Seele kommuniziert mit uns über unseren Körper. Der griechische Schöpfungsmythos versinnbildlicht: wenn wir uns mit unserem Körper in einen Rhythmus einschwingen, haben wir die Möglichkeit im Körper zu 'sehen'. Was gibt es zu sehen? Es geht um die Erkenntnis der seelischen Bedürfnisse! Wem die Seele darüber hinaus als 'göttlicher Funke' gilt, der kommuniziert via Körper mit seiner Göttin / Gott / Geist. Deshalb *ist für Hexen* (Anhänger des 'Alten Pfad') *Tanzen eine religiöse Erfahrung.* (Langwasser)

Alle Ungerechtigkeiten im Kräftefeld der sozialen Beziehungen und Ungleichgewichte in persönlichen Beziehungen lassen den Schatten hervortreten. Der Schatten ist die sichtbare Trennung von Körper und Geist, ist die

Verschiebung des 'Montagepunkts' (Castaneda).

Entsprechend leiten alle Ungleichgewichte die Trennung von Körper und Geist ein und blockieren die Lebensenergie, was bis hin zum Tod (die endgültige Trennung) gehen kann. Blockierte Lebensenergie nimmt eine Form von Stillstand, Erstarrung, Schwere, völlige Finsternis an. Aber die Göttin regiert die Finsternis. So wie sich nach dem Gesetz der Göttin das Licht in der Dunkelheit regeneriert, regeneriert sich der Geist des Menschen in der Gefühlswelt des Körpers, im Unterbewusstsein, im Schlaf, im Traum. Das Versenken ins Innere der Gefühlswelt des Körpers per Traum, Rhythmus, Meditation oder mittels der Befragung des Orakels ermöglicht das Sehen des Wirkungszusammenhangs der Kräfte, die hinter den Dingen stehen, um sich dann richtig, im Einklang mit der eigenen Mitte, mit der ausgleichenden Kraft (Ma'at) verhalten zu können. Die richtige Entscheidung kann man körperlich als Leichtigkeit, Entspannung bzw. innere Ruhe, inneren Frieden spüren.

Wir verehren in der Großen Göttin die universelle Lebensenergie.

All meine Kraft hole ich mir
zurück,
denn ich bin ein magisches
Wesen, zum Glück.
Altes Wissen aus ferner Zeit
erleuchtet mich und macht
mich bereit.
Die Große Göttin steht mir bei.
Das ist mein Wille, auf dass
es so sei.

(Ermächtigungszauber)

Das Manifest der Großen Göttin würdigt die spirituellen Naturkräfte und hat nach meiner Offenbarung folgenden Inhalt:

Ich bin die große Göttin (das Tao, die Ma'at), die das All geschaffen hat. Ich bin die Herrscherin über Licht und Finsternis.
Die Materie ('der Teufel')
mit ihren Gegensätzen, Kreisläufen und Konflikten ('Dämonen')
ist mir untertan und mir gehört Deine unsterbliche Seele.
Wann immer Du mich anrufst und um Hilfe bittest, werde ich Dir beistehen.
Darum verzage nicht und gehe mit Zuversicht Deiner Wege.
Denn ich bin es, was am Anfang war und was am Ende erreicht wird.

Die Materie mit ihren Gegensätzen, Kreisläufen und Konflikten:

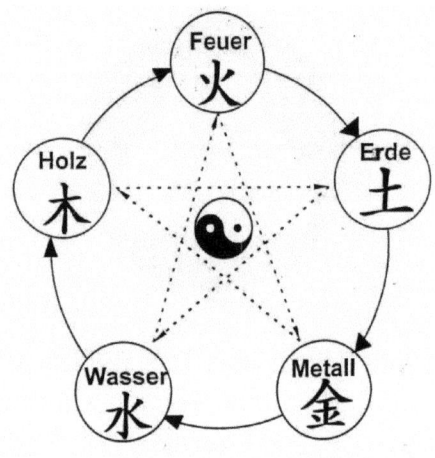

Feng Shui und Karma

Feng Shui beschäftigt sich ebenfalls mit der Wirkung der spirituellen Naturkräfte in Raum und Zeit, um Harmonie in den Zusammenhang von Lebensraum und -zeit, Wohnen und Schicksal (Karma) zu bringen. Deine Behausung spiegelt dein Schicksal. Schicksal ist das, was du aus den gegebenen Umständen machst. Das wiederum hängt von deinem Charakter ab. Dein Charakter ist dein Schicksal. Die Existenzbedingungen in der Familie, in die wir hineingeboren sind und der wir unser Leben verdanken, haben unseren Charakter geprägt, eine psychische Form bzw. Struktur, die entlang bestimmter Linien (Bruchlinien, Grenzen, Blockierungen, Schatten, schwarze Löcher in der Aura) zerbrechen kann, sobald eine genügend starke Kraft auf sie einwirkt und solange wir nicht fähig sind, die jeweilige

Gegenkraft zum Schließen der schwarzen Löcher / Erhellen der Schatten zu benutzen.

Die Existenzbedingungen der Familie sind ein Produkt der Kultur und diese zeichnet sich heutzutage dadurch aus, dass bei der Erziehung der Individuen zwischen Gefühl und Gefühlsbewusstsein getrennt wird. Somit wissen wir oft nicht mehr, was wir selbst wollen und können uns nicht im eigenen Interesse entscheiden. Die unerkannten Schatten im Unterbewusstsein ziehen dann das an, was uns geschickt wird. Insofern schaffen wir uns alles selbst und können es durch 'ins Bewusstsein holen' der Schatten auch selbst verändern. Die Eltern machen Fehler bei der Erziehung aufgrund ihres eigenen Trauma. Dann ist da noch das übernommene Schicksal aus der Familiensippe, von den Ahnen. Außerdem ist da noch die Paarbeziehung: '*Wer liebt, der muss das Schicksal desjenigen teilen, den er liebt*'. (Bulgakov) Demnach gibt es eine Menge karmische Spuren zu bewältigen, ehe sich das Schicksal fügt. Das Schicksal / Karma ändern wir aktiv, indem wir unseren Charakter ändern. Z. B. kann man lernen geduldiger zu werden, oder Grenzen zu setzen, oder Ärger zu überwinden, etc. In dieser Lernphase muss man sich seinen Ängsten und anderen negativen Emotionen stellen, um die karmischen Spuren aufzulösen.

Im Buddhismus (Bön) stellt man sich den negativen Emotionen u.a. z.B. mittels Traumyoga.

Von innen, indem man Emotionen transfomiert, und außen, z. B. mit Feng Shui, kann man die Veränderung des Schicksals / Karma bewirken.

Der übliche Begriff des Karma ist ein lebloses Konstrukt (sterile Ursache-Wirkungs-Kette). Es gibt kein Karma, wenn die Handlungen im Einklang mit der Kraft sind, die ausgleicht bzw.: Wenn man den 'Dämon' beim Namen nennt, ist man frei von Karma / Fremdbestimmung.

Karma sind die Lebensumstände, die Fremdbestimmung. Der übliche Begriff des Karma bedeutet: Was man sät das erntet man. Wenn du z.B. Liebe erfahren willst, musst du Liebe geben, besagt das Prinzip von Säen und Ernten. Stimmt das? Nicht unbedingt!

Karma ist Fremdbestimmung. Wenn du Liebe erfahren willst, musst du die Fremdbestimmung, Manipulation erkennen. Denn Karma ist in jedem Fall die Fremdbestimmung im 'Hier und Jetzt'. **Karma Reinigung** erfolgt durch Erkennen der Fremdbestimmung bzw. der Lebensumstände.

Die sozialen Beziehungen des Menschen werden im Unbewussten durch die *'Ordnungen der Liebe / Seele'* (Hellinger) reguliert. *Es gibt keine Leib-Seele-Einheit.* (Plack) Was Freud nicht wusste: Wenn man gegen diese Ordnungen der Seele verstößt, z.B. in der Erziehung, führt das zu Frustrationen und Antriebskonflikten beim Individuum. Dann können die Menschen anhand ihrer unbefriedigten Bedürfnisse gelenkt bzw. manipuliert werden, z. B. mittels Werbung und Propaganda.

Wie kann man dieser schwarzen Magie entkommen? Indem man selbst seine seelischen Bedürfnisse wahrnimmt. Dazu muss man sich die eigenen Bedürfnisse erst einmal bewusst machen. *'Hilfreich hierbei ist das Verfügen über eine Methode oder einen Prozess, der es einem erlaubt, die Tiefen des eigenen Unbewussten zu erkunden'.* (Sagan) Hellinger benutzt zu diesem Zweck die Methode des Familienstellens. Daneben helfen aber auch Körperübungen wie z.B. Bauchtanz, Yoga, Tai Chi, Qi Gong u. a. und Meditation. Auf diese Weise hebt man die Stimmung (Körperfrequenz). Schlechte Stimmungen, die mit Frustrationen einhergehen, verschwinden und die Schwarzmagier haben keine Macht mehr. Merke: Niemand konsumiert unnützen Kram oder zieht in den Krieg, der glücklich und zufrieden ist. Es sei denn, er zieht in den Krieg, um das Fürchten zu lernen. (Volksmund: Wenn's dem Esel zu wohl wird, geht er auf's Eis.) Man entkommt dem Verhängnis (Karma) nur, wenn man sich von Emotionen wie Gier, Angst und Wut völlig befreit.

Seit jeher steht die Suche nach Seelenfrieden (Nirvana) im Mittelpunkt alter Religionen und von asiatischen Weltanschauungen.

Im Taoismus geht man davon aus, dass es Kräfte sind, die die Welt gestalten und deren Schwingungen in Harmonie gebracht werden können, um Glück anzuziehen.

Daraus resultiert ein aktiver Part der Menschen bei der Gestaltung ihres Schicksals / Charakters. Dieser mündet beim Feng Shui in 8 Aufgaben der Selbstschöpfung bzw. Vergeistigung und Regeneration entsprechend den 8 Himmelsrichtungen der Erde.

Da Mutter Erde uns neben den materiellen auch die spirituellen Kräfte der Natur zur Verfügung stellt, haben wir beim Umgang mit den inneren und äußeren Kräften, die auf uns einwirken, die Möglichkeit, uns aus einer großen Anzahl von Hilfsmitteln zu bedienen.

Bewährt haben sich u. a. z. B. Edel- und Halbedelsteine, deren Schwingungen im feinstofflichen Körper wirken und uns bei unseren Aufgaben helfen können, indem sie unsere eigene psychische Kraft verstärken.

Feng Shui nennt z. B. den **Nordwesten**, der Hilfreiche Menschen, Freunde, Mentoren symbolisiert. Sollte sich im NW unserer Wohnung eine Toilette, Küche, Abstellraum, ein Fehl- oder Zusatzbereich befinden, könnten wir, in Abhängigkeit und Kombination mit unserem persönlichen Feng Shui, ein Problem haben, denn der NW fügt sich nicht harmonisch in den Grundriss unseres Zuhauses ein und / oder steht uns nur eingeschränkt zur Verfügung. In diesem Fall fehlen möglicherweise Freunde, Mentoren, wohlwollende Vorgesetzte. Vielleicht war sogar der Vater nicht vorhanden oder wirkte nicht unterstützend bei der Erziehung. Daraus dürfte sich eine schwierige psychische Situation ergeben haben und wir stehen nun wohlmöglich vor der **Aufgabe, Ängste und Depressionen zu besiegen**. Neben Feng Shui Maßnahmen für die Wohnung, auf die ich aus Platzgründen hier nicht näher eingehen kann, gibt es auch hilfreiche Steine für die Bewältigung dieser Aufgabe in der Meditation, u. a. z. B.: Bergkristall, Katzenauge, Tigereisen, Bernstein.

Bergkristall heilt uns, indem er göttliches Licht in unsere Seele und Aura transportiert.
Katzenauge schenkt Wärme und Geborgenheit.
Tigereisen wirkt gegen Erschöpfung und bringt neue Energie.
Bernstein fördert die Begegnung mit Menschen, die uns weiter bringen.

Der **Norden** symbolisiert Karriere. Sollte sich im N unserer Wohnung eine Toilette, Küche, Abstellraum, ein Fehl- oder Zusatzbereich befinden, könnten wir, in Abhängigkeit und Kombination mit unserem persönlichen Feng Shui ein Problem haben, denn der N fügt sich nicht harmonisch in den Grundriss unseres Zuhauses ein und / oder steht uns nur eingeschränkt zur Verfügung. Dann fehlt es möglicherweise am geraden Weg auf der Karriereleiter nach oben, weil man auf Hindernisse beim beruflichen Vorwärtskommen stößt. Vielleicht findet man immer nur Halbtagsjobs oder gering bezahlte Jobs oder man wird gemobbt und dergleichen mehr. Auf die Dauer fühlt man sich dann 'klein' und den Anforderungen des Lebens nicht gewachsen. Man glaubt, man ist selbst schuld, weil man sich nicht genug anstrengt. Daraus ergibt sich die **Aufgabe, sich nicht als Sündenbock missbrauchen zu lassen.**

Hilfreiche Steine für die Bewältigung dieser Aufgabe sind u. a. z. B.: Chrysopras, Regenbogen-Obsidian, Epidot

Chrysopras stärkt die Nerven und hilft bei Minderwertigkeitsgefühlen, denn er macht zuversichtlich und schenkt uns Freude (Freude treibt die Räder! Goethe). Dadurch hilft er bei der Jobsuche, indem er uns gegen Mutlosigkeit wappnet und uns hilft, nicht aufzugeben.

Regenbogen-Obsidian wirkt gegen negative Energie von anderen Menschen, z.B. Neidern, Intriganten, Betrügern, Dieben, Konkurrenten, mobbende Kollegen etc.

Epidot stärkt die Nerven und hilft gegen Stress.

Der **Nordosten** symbolisiert Bildung / Selbstbildung. Sollte sich im NO unserer Wohnung eine Toilette, Küche, Abstellraum, ein Fehl- oder Zusatzbereich befinden, könnten wir, in Abhängigkeit und Kombination mit unserem persönlichen Feng Shui, ein Problem haben, denn der NO fügt sich nicht harmonisch in den Grundriss unseres Zuhauses ein und / oder steht uns nur eingeschränkt zur Verfügung. Dann fehlt es uns wohlmöglich an der Zuwendung und Aufmerksamkeit der Umwelt und als Ergebnis fehlt es uns am Bewusstsein von uns selbst. Man muss eine Rolle spielen und wird als Mensch gar nicht wahrgenommen. Man erwartet, dass wir wollen, was wir wollen sollen. Daraus ergibt sich die **Aufgabe,** sich selbst annehmen zu können wie man ist, **die eigene Mitte zu finden**.

Hilfreiche Steine für die Bewältigung dieser Aufgabe sind u. a. z. B.: Turmalin, Amethyst, Calzit

Alle **Turmaline** erden bzw. zentrieren. Sie wirken wie ein Jungbrunnen und verleihen Optimismus. Schwarzer Turmalin soll darüber hinaus vor Elektrosmog schützen.

Amethyst hilft bei der Selbstfindung, der Bewusstseins-erweiterung und Persönlichkeitsentwicklung.

Calzite bringen die Aura ins Gleichgewicht.

Bei Energievampirismus hilft **Regenbogen-Obsidian** zusammen mit der Visualisierung, von einem weißen Lichtmantel mit Reißverschluss eingehüllt zu sein. Den Reißverschluss immer, wenn man die Person trifft, die einen aussaugt, von unten bis nach oben zuziehen.

Der **Osten** symbolisiert Gesundheit / Familie. Sollte sich im O unserer Wohnung eine Toilette, Küche, Abstellraum, ein Fehl- oder Zusatzbereich befinden, könnten wir, in Abhängigkeit und Kombination mit unserem persönlichen Feng Shui, ein Problem haben, denn der O fügt sich nicht harmonisch in den Grundriss unseres Zuhauses ein und / oder steht uns nur eingeschränkt zur Verfügung. Dann fehlt es uns wahrscheinlich an Unabhängigkeit, Klarheit, Sorglosigkeit, Gesundheit und Wohlbefinden. Die Gedanken kreisen möglicherweise immer um ein und dasselbe Familiendrama. Verzweiflung macht sich breit. Man sieht keinen Ausweg mehr. Daraus ergibt sich die **Aufgabe, 'Erinnerungsdämonen'**[1] (posttraumatische Belastungsstörung) **zu besiegen** und sich von Abhängigkeiten und Illusionen zu befreien.

Hilfreiche Steine für die Bewältigung dieser Aufgabe sind u. a. z. B.: Tigerauge, Labradorit, Fluorit, Onyx, Jaspis, Hämatit.

Tigerauge schützt vor Überanstrengung und bringt Klarheit in verfahrene Situationen.
Labradorit integriert Traumata und heilt alte Wunden.
Fluorit verbessert den Zugang zum Unterbewusstsein.
Onyx verbessert die Selbstwahrnehmung und die Traum-wahrnehmung.
Jaspis stärkt Mut und Durchsetzungskraft.
Hämatit stärkt das Immunsystem, erdet und hilft beim 'Kontrolle loslassen'. Man schöpft neues Vertrauen und kann dadurch besser schlafen.

---

1   Olga Kharitidi, Samarkand

Der **Südosten** symbolisiert Reichtum. Sollte sich im SO unserer Wohnung eine Toilette, Küche, Abstellraum, ein Fehl- oder Zusatzbereich befinden, könnten wir, in Abhängigkeit und Kombination mit unserem persönlichen Feng Shui, in Bezug auf Reichtum ein Problem haben. Reichtum beinhaltet die gesamte Lebensqualität: Wohlstand, Komfort, befriedigende Beziehungen. Wenn der SO sich nicht harmonisch in den Grundriss unseres Zuhauses einfügt und / oder uns nur eingeschränkt zur Verfügung steht, dann fehlt es uns wohlmöglich an befriedigender Kommunikation. Wir geben uns nach außen hin anders als wir in Wirklichkeit sind, denken und fühlen. Dadurch entsteht eine gestörte Kommunikation. Unser Gegenüber fühlt die Ungereimtheit und ringt mit dem Widerspruch, dadurch wird Energie vergeudet. Es kommt zu keinem gegenseitigen Energieaustausch. Reichtum beruht auf dem freien Fluss der Energien aller Beteiligten (sogenannte Win/Win-Situation). Entsprechend ergibt sich daraus für uns **die Aufgabe, unsere ‚Maske' abzulegen** und authentisch zu werden.

Hilfreiche Steine für die Bewältigung dieser Aufgabe sind u. a. z. B.: Goldtopas, Pyrit, Jadeit, Gagat/Jet, Sodalit.
Goldtopas gibt Selbstsicherheit, dadurch trauen wir uns unsere Maske abzulegen. Durch Selbstvertrauen und innere Stärke zieht man Reichtum, Wohlbefinden und Liebe an.
Pyrit gilt als Wunschstein. Er verbindet uns mit der geistigen Ebene, also damit, was wir uns wirklich wünschen und hilft auf diese Weise bei der Schaffung materieller Fülle.
Jadeit zieht Glück in finanziellen Dingen an.
Gagat/Jet hilft über den eigenen Schatten zu springen, Verlust zu überwinden, bewirkt Disziplin und Ver-antwortung und hilft somit Schulden abzubauen.
Sodalit ist der Kommunikationsstein und hilft die richtigen Worte zu finden.

Der **Süden** symbolisiert Ruhm und Anerkennung. Sollte sich im S unserer Wohnung eine Toilette, Küche, Abstellraum, ein Fehl- oder Zusatzbereich befinden, könnten wir, in Abhängigkeit und Kombination mit unserem persönlichen Feng Shui, ein Problem haben, denn der S fügt sich nicht harmonisch in den Grundriss unseres Zuhauses ein und / oder steht uns nur eingeschränkt zur Verfügung. Dann fehlt es uns vermutlich an Wertschätzung und Anerkennung unserer Person und Leistung. Daraus folgt, wir müssen aufhören unser 'Licht unter den Scheffel' zu stellen, damit man uns bemerkt. Wie macht man das? Hören wir damit auf, Anerkennung hauptsächlich über Anpassung erhalten zu wollen, dann weisen wir auch Fremd-bestimmungen ab, die uns einzwängen und frustrieren. Damit haben wir die **Aufgabe** uns erst einmal auf uns selbst zu besinnen und **herauszufinden wofür wir uns begeistern können,** um uns dann dafür einzusetzen, unseren Platz zu behaupten und das uns Zustehende einzufordern.

Hilfreiche Steine für die Bewältigung dieser Aufgabe sind u. a. z. B.: Rubin, Citrin, Karneol.

Rubin fördert Selbstliebe und Kreativität.
Citrin wirkt als Sonnenstein, dadurch stärkt er unsere Ausstrahlung und Charisma.
Karneol gibt neue Energie und Vitalität.

Der **Südwesten** symbolisiert Liebe und Beziehungen. Sollte sich im SW unserer Wohnung eine Toilette, Küche, Abstellraum, ein Fehl- oder Zusatzbereich befinden, könnten wir, in Abhängigkeit und Kombination mit unserem persönlichen Feng Shui, ein Problem haben, denn der SW fügt sich nicht harmonisch in den Grundriss unseres Zuhauses ein und / oder steht uns nur eingeschränkt zur Verfügung. Dann fehlt es uns vermutlich an Seelenfrieden, weil wir in einer schwierigen Beziehung leben oder ungewollt Single sind. Daraus folgt, wir haben die **Aufgabe Ordnung ins Chaos unserer Emotionen zu bringen.** Wie machen wir das? Wir sollten damit anfangen unsere Träume zu notieren, um unsere / n Traumpartner / in zuerst einmal im Traum zu finden. Man erkennt den / die Traumpartner / in daran, dass er / sie uns unseren Seelenfrieden zurück bringt.

Hilfreiche Steine für die Bewältigung dieser Aufgabe sind u. a. z. B.: Mondstein, Rosenquarz, Jade.

Mondstein vermittelt den Zugang zur Gefühlswelt.

Rosenquarz verströmt Frieden, verhilft zu Gelassenheit und Ruhe.

Jade ist ein Glücksbringer in jeder Hinsicht und ein Heilstein.

Der **Westen** symbolisiert Kinder. Sollte sich im W unserer Wohnung eine Toilette, Küche, Abstellraum, ein Fehl- oder Zusatzbereich befinden, könnten wir, in Abhängigkeit und Kombination mit unserem persönlichen Feng Shui, ein Problem haben, denn der W fügt sich nicht harmonisch in den Grundriss unseres Zuhauses ein und / oder steht uns nur eingeschränkt zur Verfügung. Dann fehlt es uns vermutlich an Leichtigkeit, Spiel und Spaß im Leben. Lasten drücken uns auf den Schultern. Alles ist so ernst und schwer. Man mutet uns die ganze Bürde allein zu. Daraus folgt, wir müssen **lernen** unberechtigte Zumutungen zu erkennen, **Grenzen zu setzen,** loszulassen und zu entspannen. Wie machen wir das? Dabei hilft uns unser Körper. Benutzen wir ihn als Spiegel unserer Lebensumstände. Er gibt uns unbegrenzte Macht, wenn wir es verstehen, ihn uns dienstbar zu machen. Meditation hilft dabei, im Körper zu lesen wie in einem Buch, damit wir die hinter den Ereignissen stehenden Absichten erkennen und uns darauf einstellen können.

Hilfreiche Steine für die Bewältigung dieser Aufgabe sind u. a. z. B.: Türkis, Aventurin, blauer Chalzedon.

Türkis schützt die Seele, indem er vor Ungerechtigkeiten wie z.B. Zumutungen, unberechtigte Angriffe und Kritik bewahrt.
Aventurin ist der Gleichgewichtsstein schlechthin (Yin / Yang). Er hilft uns die Ausgewogenheit von Geben und Nehmen zu berücksichtigen.
Blauer Chalzedon gilt als Glücksbringer, er stabilisiert die Aura, gibt einem das 'dicke Fell'.

Wer die eine oder andere der hier genannten Aufgaben aktiv bewältigen will und sich die entsprechenden Steine besorgt, benutze sie z. B. als Anhänger, als Hosentaschenstein, lege sie unter das Kopfkissen etc.. Reinigen sollte man sie regelmäßig unter fließendem lauwarmen Wasser (außer Selenit und Hämatit) und vor der nächsten Benutzung in einer Bergkristallgruppe wieder aufladen. Man gehe bei der Auswahl der Steine intuitiv vor. Vielleicht findet man auch andere Steine, die einem weiterhelfen. Der Stein, der einem ins Auge springt oder uns magisch anzieht, ist immer der richtige.

Am Wirkungsvollsten sind die Steine, wenn man sie auf der Haut spürt. Nimm dir einen Stein in die Hand, der dich anspricht, ziehe dich zurück und meditiere mit ihm. Je nach dem, welchen Stein du benutzt, spürst du seine Schwingungen als Kribbeln, Prickeln, Taubheit, Wärme oder wie einen Strom, der dich durchfließt. Konzentriere dich in diesem Fall auf das Gefühl und du wirst merken, wie es sich in deinem Körper und in deine Aura ausbreitet und dir wohltut. Der Stein füllt mit seinen Schwingungen deine 'leeren Batterien' wieder auf und wirkt dadurch therapeutisch. Wir können uns in vielen Fällen selbst therapieren. Mutter Erde hilft uns dabei.

Geführte Meditation: Reise in die Unterwelt

Selbsterkenntnis ist das einzige was uns retten kann. Wenn wir unsere seelischen Bedürfnisse selbst wahrnehmen, ändern wir unser Schicksal.

Bei der Selbsterkenntnis hilft u. a. eine Reise in die Unterwelt im Schutze des **magischen Steinkreises**.

Die beste Zeit für diese Meditation ist die Dämmerung, wenn sich die Welten voneinander trennen und natürlich bei Vollmond, nachdem wir den Mond auf uns herabgezogen haben.

Sorgen wir dafür, dass wir eine Weile ungestört sind, bevor wir beginnen. Wir brauchen einen Kompass, mit dem wir die Himmelsrichtungen feststellen können. Wir ziehen den magischen Kreis, indem wir in jede Himmelsrichtung einen etwa gleich großen Kieselstein legen. Wir legen den Kreis groß genug auf dem Boden aus, damit wir darin meditieren können. Wir nehmen einen Selenitstab oder -obelisk in die Hand. Er fungiert als Antenne und Verstärker des magischen Kraftfelds der Steine. Wir setzen uns in die Mitte des Kreises in unserer Meditationshaltung hin. Wir umfassen den Selenit mit beiden Händen und atmen tief und ziehen uns mit jedem Atemzug langsam immer tiefer in uns zurück bis wir ruhig und entspannt sind. Wir schließen die Augen und richten unsere Wahrnehmung nach innen. Mit der Frage danach, was uns zum Glücklichsein für unser Seelenheil fehlt, fühlen wir uns ein.

Stell Dir nun vor Du gehst eine Treppe hinunter. Unten angekommen stehst Du vor einer Tür. Hinter der Tür befindet sich Dein glückbringender Ort. Öffne die Tür. Gehe durch die Tür. Visualisiere jetzt vor Deinem inneren Auge Deinen 'glückbringenden Ort' oder 'inneren Garten', ganz nach Deiner Fantasie, schaue Dich dort um und erkunde den Ort genauer. Irgendwo entdeckst Du eine Lichtung oder runden Platz oder Steinkreis in dessen Mitte ein Baum steht oder ein Feuer brennt oder ein Brunnen sprudelt. Links davon ist eine Bühne oder Podest mit einem schwarzen Vorhang und einem silbernen Mond. Gehe auf den Vorhang zu. Der Vorhang öffnet sich, Du trittst hindurch in eine unbegrenzte Weite und hinter Dir schließt sich der Vorhang. Du schaust dich um. Du kannst die Anwesenheit der Göttin spüren, aber sie nicht sehen. Sie ist gestaltlos. Du kniest nieder und verbeugst Dich in tiefer Demut. Du bittest nun die Göttin um das, was Dir für Dein Seelenheil fehlt. Die Göttin segnet Dich und Du dankst ihr für ihren Segen, indem Du Deine Handflächen zusammen legst und bei geschlossenen Handflächen mit den Fingerspitzen Dein Drittes Auge berührst. Du erhebst Dich und drehst Dich langsam um und öffnest die Hände. Vor Dir öffnet sich gleichzeitig der Vorhang und Du gehst wieder hindurch zurück an den Ort, von dem Du gekommen bist. Dort angekommen blickst Du eine Weile alles genau an, bis Du irgendetwas siehst, das für Dich bestimmt ist. Es ist vielleicht ein Gegenstand, ein Symbol oder vielleicht eine Person, ein Tier oder eine Pflanze. Was es auch ist, es ist für Deinen Seelenfrieden da. Du nimmst es dankbar an. Ein Symbol befestigst Du irgendwo an Deinem Körper, einen Gegenstand, eine Pflanze oder einen Stein nimmst Du an Dich, eine Person nimmst Du vertrauensvoll an die Hand, ein Tier bittest Du Dich zu begleiten.

Verlasse nun langsam den Ort auf demselben Weg, den Du gekommen bist. Gehe durch die Tür, schließe sie hinter Dir und gehe die Treppe wieder nach oben. Oben kommst Du allmählich wieder zurück in die Gegenwart. Atme mehrmals tief durch und öffne die Augen. Vergewissere Dich Deiner Umgebung bis Du wieder ganz wach bei Dir selbst bist. Dann öffne den magischen Kreis, indem Du Dich vor den Hütern der Himmelsrichtungen, symbolisiert durch die Steine, verneigst, bevor Du die Steine einsammelst. Denk nicht weiter darüber nach und nimm Deinen Alltag wieder auf.

Das Ganze sollte nicht länger als 15 Min. dauern.

Es wird nicht lange dauern, dann wird dir plötzlich einfallen was dir zu deinem Glück noch fehlt, sodass du es nun auch bewusst anstreben kannst. Egal in welcher Situation du dich befindest, erschaffe dir jetzt die Vision dieses Glücks und male es in bunten Farben in deiner Fantasie aus. Dann programmiere dich mittels Autosuggestion neu.

Autosuggestion:

Kreiere dir selbst die zu deiner Vision passende **Absicht** etwa so:

'Ich wähle, unbeeindruckt von meinen Albträumen zu bleiben'; 'Ich wähle, genug Geld für meinen Lebensunterhalt zu erhalten'; 'Ich wähle, unbeeindruckt von N. N.'s (Name der

Person) emotionalem Missbrauch zu bleiben'; 'Ich wähle, dankbar für mein Leben zu sein'; 'Ich wähle, eine befriedigende Beziehung zu finden' - usw., je nach dem was dir zu deinem Glück noch fehlt, denke es dir selbst aus.

Wichtig ist der Beginn des Satzes mit **'Ich wähle'** und eine positive Formulierung.

Indem du dir die Wahl zugestehst, ermächtigst du dich, dein Schicksal bewusst selbst zu gestalten.

Benutzte von jetzt an deine selbst kreierte Absicht immer bei Anfechtungen durch den Schatten und wiederhole sie so oft wie nötig, um den Schatten zu besiegen.

Wähle auch im Alltag fortan deine Entscheidungen bewusst immer im Sinne deiner selbstgeschaffenen Vision. Achte dabei auf 'Makellosigkeit' (Castaneda). Das bedeutet: *Hüte dich davor, dich wie ein unsterbliches Wesen zu fühlen, das alle Zeit auf Erden hat und dementsprechend handelt, denn das Gefühl Zeit zu haben ist töricht. Auf dieser Erde gibt es keine Überlebenden. Ein Krieger hat nur Zeit für seine Makellosigkeit. Alles andere zehrt seine Kraft auf. Makelloses Tun lädt sie wieder auf.* (Castaneda) Jeder, der diese 'innere Kampfkunst' beherrscht, ist ein 'Krieger'.

Magie

Magie ist eine unabhängige Energie, die uns gegeben ist, um 'böse' Ereignisse abzuwenden. (Hornung) Magie arbeitet mit der Kraft, die zwischen den Gegensätzen ausgleicht, mit der Ma'at. Durch Magie bewirkt der wissende Magier Seelenfrieden.

Furcht ist eine starke Kraft. Sie spornt uns an zu lernen. Angst hingegen lähmt, denn Angst heißt: die Seele entfernt sich. Ein Schamane / Magier / Hexe schult seine Absicht (Willen / Geist), indem er lernt, seine Gedanken zu kontrollieren, quälende Emotionen umzuwandeln und die richtige Entscheidung zu treffen. Demnach besteht die in spiritueller Hinsicht zu erwerbende Fähigkeit darin: 'aus der Krankheit eine Waffe zu machen' bzw. beim Umgang mit dem eigenen Charakter 'innere Kampfkunst' zu praktizieren oder, wie Castaneda es ausdrückt, die *menschliche Form* zu verlieren, d. h. Emotionen umzuwandeln und die Begierde solange zu bezwingen, bis sie einem dienstbar wird. Die Lektion heißt: Wenn die Begierden nicht im Einklang mit Ma'at sind, befreit Selbstlosigkeit von den Schmerzen, die das Ego verursacht. Dann akzeptiere was ist, ohne dich dagegen aufzulehnen. Wünsche, die nicht im Einklang mit Ma'at sind, verursachen Leiden. Leiden im Leben ist Läuterung – Fegefeuer. Das einzige Mittel dagegen ist Wunschlosigkeit, denn *'Wunschlosigkeit befreit vom Leiden'* (Buddha). In diesem Fall beendet man das Leiden dadurch, dass man die eigene Existenz durch Makellosigkeit, d.h. indem man es vermeidet, sich gehen zu lassen, wieder in Übereinstimmung mit der göttlichen Ordnung, mit der Ma'at bringt. Merke: Etwas erfüllt zu bekommen oder nicht erfüllt zu bekommen, kann beide male genauso enttäuschend sein.

Magie ist Seelenstärke bzw. persönliche Kraft angesichts von Gegnern im Daseinskampf, jedoch auch Lichtwesen ersetzen mangelnde Seelenstärke im Einklang mit der Kraft, die ausgleicht (Ma'at). (Näheres hierzu findet sich in meinem Buch: Die Lichtwesen des Tarot.)
Magisch wirkt man durch 'Wissen' - das Richtige im Einklang mit Ma'at erkennen; 'Wollen' - den Willen prüfen; 'Wählen' – einen Beschluss fassen; 'Wagen' - z.B. das Ritual, die Handlung wagen und 'Schweigen'.
Magie ist auch machbar in folgender Reihenfolge:

1) Transformation des Leidens in Entspannung z.B. durch Selbstlosigkeit.
2) Tagsüber begibt man sich in der Meditation in den alpha-Zustand (z.B. nach Silva) und nimmt in der Anderswelt Kontakt mit dem Höheren Selbst auf.
3) Nachts übernimmt die Seele in der Anderswelt / Unterwelt die Ausführung im luziden Traum.
4) Die Wirklichkeit verändert sich im eigenen Sinne.

Merke: Magier / Schamanen / Hexen lösen ihre Antriebskonflikte in der Fantasie, indem sie in der Unterwelt / Astralwelt ihrem Traumkörper (Seele) dabei zusehen wie er die heilbringende Realität erschafft. Welche Realität aber die heilbringende ist, wird von der Ma'at bestimmt.

Orakel

Wir erkennen die Richtung der Kraft, die in unseren Beziehungen im Verborgenen wirkt, indem wir das Orakel in einer bestimmten Weise befragen. Zu diesem Zweck legen wir uns das 'Quadrat des Jupiter' mit den Hofkarten des Tarot aus. Wir legen uns Gegenwarts- und Herkunftsfamilie getrennt aus.
Der Fragende nimmt die Hofkarten in die linke Hand, mischt und legt sie von rechts nach links nebeneinander als Feld aus, jeweils 4 Karten in einer Reihe unter die andere. Die horizontal nebeneinander in einer Reihe liegenden Personen sind im Gleichgewicht miteinander (Geben und Nehmen ist ausgeglichen). Die vertikal in einer Reihe untereinander liegenden Personen sind im Ungleichgewicht, wobei die heilsame Richtung der Kraft von oben nach unten wirkt. Wenn man sich selbst oben befindet, bedeutet das, dass man den unter einem liegenden Personen Würdigung, Respekt, Ehre, Zuarbeit etc. schuldet, weil man sonst die Ma'at gegen sich hat.

Beispielauslegung Gegenwartsfamilie:

Bube der Schwerter	Bube der Münzen	Königin der Kelche	Bube der Stäbe
Ritter der Schwerter	Ritter der Stäbe	Königin der Stabe	König der Schwerter
Königin der Schwerter	König der Münzen	Königin der Münzen	Ritter der Münzen
Bube der Kelche	König der Kelche	Ritter der Kelche	König der Stäbe

Die Familie umfasst Lebende und Tote. Wie man hier sieht ist die **Königin der Kelche** in diesem Fall den vertikal unter ihr liegenden Personen Würdigung, Respekt, Ehrerbietung, Zuarbeit, Hilfestellung etc. schuldig, also zu dienen verpflichtet, wenn sie nicht gegen die Richtung der Kraft, die von der Ma'at bestimmt wird, verstoßen will und die sie dann gegen sich hätte, was zu großen Problemen, Leiden etc. führen würde.

Hat man vertikal unter sich bereits verstorbene Personen liegen, muss man diese ins Herz nehmen, um ihnen die Ehre zu geben, die ihnen zukommt, erst dann erhält man ihren Segen und die Richtung der Kraft kann sich ändern.

Ausführliche Darlegung des Themas von der Wirkung der Richtung der Kraft findet sich in meinem Buch: Die Richtung der Kraft – Familienrepräsentation mit Tarot.

Zuordnung der Hofkarten zu Personen in Herkunfts- und Gegenwartsfamilie:

Herkunftsfamilie

Stab-Königin – Großmutter des Fragenden mütterlicherseits
Stab-König – Bruder oder Vater der Großmutter
Stab-Ritter – großmütterliche männliche Verwandte
Stab-Bube/Page – großmütterliche weibliche Verwandte

Münz-König – Großvater mütterlicherseits
Münz-Königin – Mutter oder Schwester des Großvaters
Münz-Ritter – großväterliche männliche Verwandte
Münz-Page/Bube – großväterliche weibliche Verwandte

Schwert-König – Vater
Schwert-Königin – Mutter oder Schwester des Vaters
Schwert-Ritter – väterliche männliche Verwandte
Schwert-Bube/Page – väterliche weibliche Verwandte

Kelch-Königin – Mutter
Kelch-König – Bruder oder Halbbruder der Mutter
Kelch-Ritter – mütterliche männliche Verwandte
Kelch-Bube/Page – mütterliche weibliche Verwandte

Gegenwartsfamilie

Stab-Königin – Mutter des Partners
Stab-König – Bruder oder Vater der Mutter des Partners
Stab-Ritter – mütterliche männliche Verwandte des Partners
oder ehemalige Partner der Frau
Stab-Bube/Page – mütterliche weibliche Verwandte des
Partners

Münz-König – Vater des Partners
Münz-Königin – Mutter oder Schwester des Vaters des Partners
Münz-Ritter – väterliche männliche Verwandte des Partners
Münz-Bube/Page – väterliche weibliche Verwandte des

Partners oder ehemalige Partnerinnen des Mannes

Schwert-König – Mann
Schwert-Königin – Schwester des Mannes oder frühere Frau
Schwert-Ritter – männliche Kinder oder Neffen des Mannes
Schwer-Bube/Page – weibliche Kinder oder Nichten des Mannes

Kelch-Königin – Frau
Kelch-König – Bruder der Frau oder früherer Mann
Kelch-Ritter – männliche Kinder oder Neffen der Frau
Kelch-Bube/Page – weibliche Kinder oder Nichten der Frau

Erste Hilfe bei 'Dämonen'- Angriff

Sieben Dämonen sind über das Feld gegangen,
wollten des Menschen Leben fangen,
wollten, dass es sterbe,
wollten, dass es verderbe.
Doch stärker war das Leben.
Sie mussten frei es geben.

(Zauberspruch des fahrenden Volkes)

'Dämon' der Lähmung

Damit einhergehende Schatten können sein: Müdigkeit, Erschöpfung und Erstarrung, Hass, Wut sowie Urängste vor Liebesverlust, ausgestoßen sein; Todesängste wie: hilflos ausgeliefert sein, vor Schreck erstarrt sein, Angst vor ausgeliefert sein; durch vermeintliche Schuldgefühle, sich nicht wehren können; Emotionen von eingesperrt sein, wie gelähmt sein, Mutlosigkeit.

Befreiung und Ausgleich erfolgt durch Annahme, Hingabe, Aufgabe, Vergebung und kommt aus der Erkenntnis: „Ich bin!" - das ist die Wiedergewinnung von Urvertrauen, weil man mit dieser Erkenntnis die Trennung von sich selbst überwindet. Bei negativen Emotionen ist eine Kombination aus Atemübungen und Meditationen nützlich, um Entspannung, das heißt, das Nachlassen des Schmerzes, zu erlangen.

Atemübung:
Bei Spannungen sollte man in diesen Schmerz hinein ausatmen und dabei die Emotion wahrnehmen, das heißt, sich dem Schmerz öffnen, hineinsteigern (sich ihm überlassen, in ihm verschwinden, nur noch Schmerz sein = loslassen von Angst).
Das ergibt in der Regel Entspannung. Entspannung ist die

Vereinigung zwischen Emotion und Bewusstsein und damit die Erkenntnis der Absicht, die ursprünglich hinter der Spannung verborgen lag. Kann die Emotion aber beim Namen genannt werden, ist bereits die Abtrennung von sich selbst überwunden.

Meditation – Absicht der Vergebung:
Dabei wiederholt man innerlich ca. 15 Minuten oder so lange wie nötig die passende Vergebungs-Absicht, auch in Kombination miteinander:
"Ich vergebe mir selbst." „Ich vergebe meiner Lebenssituation." „Ich vergebe meiner Arbeitssituation." „Ich vergebe meiner Beziehungssituation." „Ich vergebe meiner finanziellen Situation." „Ich vergebe meinen Eltern." etc. - (Jeder denke sich selber die für seine Situation passende Vergebungs-Absicht aus.)

Erden:
Auf einen Stuhl oder die Kante eines Stuhls (kleine Menschen) setzen. Den Rücken gerade halten, die Füße fest auf den Boden, die Beine bilden im Knie einen rechten Winkel. Tief einatmen und die Luft einen Augenblick anhalten. Beim Ausatmen die Füße fest gegen den Boden drücken. Dabei spannen sich die Oberschenkelmuskeln und der Beckenboden an. Spannung wieder lösen. Vorgang mehrmals wiederholen, solange wie es angenehm ist. Auf diese Weise revitalisieren wir unser Wurzelchakra.

Hilfreiche Steine: Achat, Hämatit, Jaspis, Granat, Rubin, alle roten Steine.
Aromatherapie: Citronella, Eukalyptus, Pinie, Rosmarin, Zitrone

'Dämon' des Zwangs

Damit einhergehende Schatten (negative Emotionen) können sein: Eifersucht, Trauer, Frustration, Stress, Unfähigkeit etwas zu empfinden, oder unkontrollierte Emotionalität wie z.b. ‚in Tränen ausbrechen'; Hysterie, Sorgen, Sehnsucht, übersteigerte sexuelle Phantasien, Sexsucht, die Tendenz, die eigene sexuelle Befriedigung in den Vordergrund zu stellen, unterdrückte Triebhaftigkeit oder ständige Sehnsucht nach erfüllender Sexualität.

Befreiung und Ausgleich bei persönlichen Ungleichgewichten erfolgt durch Hinwendung zum eigenen ‚spirituellen Ideal' (Cayce), zur eigenen Mitte; im eigenen Element sein.
Wenn wir davon ausgehen, dass der Körper der Tempel unseres Geistes ist, ist unser Ideal immer dann in unserem Körper potentiell enthalten, wenn wir mit uns vereint sind, im Einklang bzw. im Gleichgewicht mit uns sind. Frage dich was dir wirklich wichtig ist im Leben. Wonach würdest du streben, wenn du es könntest? Letztlich ist das was wir erhalten, wenn wir unser 'spirituelles Ideal' finden, nichts anderes als Wohlgefühl, Gesundheit und Identität.

Mittemeditation:
Lege dich auf den Rücken, dann lege einen Schneeobsidian eine Hand breit unterhalb des Bauchnabels auf das Schambein (Sakralchakra) auf die nackte Haut, den Bergkristall auf die Stirn (Stirnchakra). Benutze mindestens wallnussgroße Steine.
Atme ein und atme aus, und konzentriere dich auf den Atemrhythmus, entspanne dich und stell dir vor, *„wie der Obsidian vom Schambein nach rückwärts zum Steißbein und der Bergkristall von der Stirn in den gesamten Schädel strahlt."* (Hodosi) Die Wirbelsäule verbindet als Lichtstrahl die beiden

Chakras. Fühle die beiden Stellen des Körpers, an denen die Steine aufliegen und überlass dich diesem Gefühl an diesen beiden Polen, denke an gar nichts sondern fühle dich nur ein. Das Ziel der Meditation ist erreicht, sobald du spürst wie sich dein innerer Körper erhellt (oder wohlig warm wird). Du bist wieder in deiner Mitte.

Hilfreiche Steine: Karneol, Mondstein, Schneeobsidian, Bergkristall, alle orangenen Steine.
Aromatherapie: Rosenholz, Estragon, Rose, Anis

'Dämon' der Angst

Der Dämon der Angst verleitet uns dazu, vitale Wünsche und Gefühle zu unterdrücken. Dadurch ergibt sich zunehmend die Emotion der Überforderung und Gereiztheit, welche wiederum nach außen fließt und die Beziehungen zum anderen Geschlecht und im Erwerbsleben nachhaltig stört und Glücklosigkeit zur Folge hat.
Negative Emotionen können sein: Übelkeit, hilflose Nervosität, innere Unruhe, Verfolgungswahn, Neid, Ohnmachtsgefühle, ,nervöse Gereiztheit', Überaktivität.

Befreiung und Ausgleich erfolgt über Bildung durch Aufklärung in Bezug auf sich selbst und auf die Welt sowie Selbsterfahrung. In diesem Fall muss man das Kunststück fertig bringen, sich 'am eigenen Schopf aus dem Sumpf zu ziehen' - einen inneren Raum zu schaffen. Das gelingt nur duch die 'Erweiterung des geistigen Horizonts' bzw. durch die Stärkung der Kraft des eigenen Geistes.

Atemübung:
Eine beruhigende Wirkung hat diese Sufi-Atmungsübung: Einfach während des Einatems innerlich bis zur 7 zählen, auf 8 den Atem anhalten, dann von vorn zählen und dabei solange ausatmen bis die Zahl 7 erreicht ist, auf 8 den Atem anhalten, wieder einatmen und dabei bis zur 7 zählen, usw. Diese Atmungsübung kann in jeder Stellung und Lage und solange ausgeführt werden wie man mag.

Besonders hilfreich ist die bewusste Atemlenkung in Körperstellen, die schmerzen oder verspannt sind. Dabei konzentriert man sich auf die verspannte Stelle und atmet durch die Nase ein und aus. Das Ausatmen in der Vorstellung direkt in die verspannte Stelle leiten und doppelt solange ausatmen wie einatmen. Den Vorgang solange wie nötig wiederholen. In der Regel ist dies schon Meditation genug, um ein Ergebnis zu erzielen: Der Schmerz löst sich auf.

Lichtmeditation:
Wir halten das linke Nasenloch mit dem Zeigefinger der rechten Hand zu und atmen durch das rechte Nasenloch weißes Licht ein, dabei zählen wir bis zur 7. Dann halten wir den Atem an wobei wir das Licht in unserer Vorstellung in der Magengegend kreisen lassen während wir wieder bis zur 7 zählen.

Jetzt öffnen wir das linke Nasenloch und verschließen mit dem rechten Daumen das rechte Nasenloch, während wir durch das linke Nasenloch ausatmen wobei wir bis zur 7 zählen. Dabei stellen wir uns vor wie dunkle Schwaden durch das linke Nasenloch entweichen.

Nun atmen wir durch das linke Nasenloch weißes Licht ein, während wir bis zur 7 zählen. Wir halten den Atem an, dabei zählen wir bis zur 7 und lassen währenddessen das weiße Licht in der Magengegend kreisen.

Jetzt öffnen wir das rechte Nasenloch und verschließen mit dem Zeigefinger der rechten Hand das linke Nasenloch .... weiter wie oben.

Praktiziere die wechselseitige Nasenatmung mit der Vorstellung von weißem Licht solange bis du dich wieder ruhig und entspannt fühlst bzw. bis die auszuatmenden Schatten immer heller werden.

Heilmeditation im Liegen: '*Ich aktiviere bewusst mein Solarplexuschakra*'. Dabei sich vorstellen wie goldenes Licht in die Magengegend eingeatmet wird. Beim Ausatmen das goldene Licht im Oberbauch kreisen lassen. Dabei unentwegt die Absicht innerlich wiederholen. Wieder goldenes Licht einatmen usw. bis sich das Körpergefühl ändert und der Oberbauchbereich ein Gefühl von Wärme vermittelt. Jetzt das goldene Licht sich im ganzen Körper ausbreiten lassen und das bewusste Atmen aufgeben. Eine kleine Weile den Lichtstrom genießen. Dann das Solarchakra schließen, indem man sich vorstellt, wie eine geöffnete goldgelbe Lotusblume ihre Blätter schließt.

Hilfreiche Steine: Tigerauge, Bernstein, Edeltopas, Citrin, Kunzit sowie alle gelben Steine.
Aromatherapie: Lavendel, Galbanum, Basilikum, Bergamotte, Koriander, Minze, Rosmarin

'Dämon' der Einbildung

Dämoneneinflüsse können sich äußern in: Sorgen, nicht ‚nein' sagen können, Selbstausbeutung sowie ‚ausgebeutet werden'. Schatten können sein: Arroganz, Hochmut, Spott, Kälte, Teilnahmslosigkeit, Herzlosigkeit, Unfähigkeit sich zu öffnen aus Angst vor Ablehnung sowie Hass, Egoismus, Herrschsucht, Herzklopfen oder der Eindruck 'das Herz bleibt stehen'.

Befreiung und Ausgleich erfolgt durch Anwenden des 'richtigen Maßes' im Umgang mit der Umwelt.
‚Geben' und ‚Nehmen' kommen vom Herzen – Nimm dich selbst an, liebe dich selbst wie du bist und du wirst fähig sein, gleichermaßen zu empfangen und loszulassen.

Transformations-Lichtmeditation:
Begib dich, wenn du ungestört bist, in eine bequeme Haltung und atme mehrere Atemzüge lang tief durch. Dann stell dir in deiner Brust ein grünes Leuchten vor, dass sich allmählich im ganzen Körper ausbreitet. Nun stell dir zusätzlich im Kopf ein grünes Leuchten vor, dass sich im Kopf ausbreitet und mit dem grünen Leuchten in deiner Brust verbindet. Fühle dich einige Augenblicke in tiefes Grün eingehüllt und eingetaucht. Bitte nun dein synchronisiertes grünes Selbst um Transformation der negativen Emotionen in deinem Körper. Benenne die negative Emotion oder die Körperstelle, die verspannt ist oder schmerzt genauer. Z.B.: „Ich bitte mein synchronisiertes grünes Selbst um Transformation der Schmerzen in meiner linken Körperseite." Wiederhole diesen Satz solange, bis du deutlich ein körperliches Feedback erfährst. Das kann ein Farbwechsel sein. Das kann ein Wort sein, das dir plötzlich ins Bewusstsein kommt. Das kann einfach das Nachlassen der Spannung, des Schmerzes sein. Was es auch ist, es muss das Körpergefühl

verändern. Mit der Veränderung des Körpergefühls zum Positiven hin, ist der Sinn der Meditation erfüllt. Wenn sich keine Veränderung der Emotion einstellt, wiederhole den Vorgang mit einem blauen Leuchten (violetten Leuchten, weißen Leuchten).

Selbstliebe Lichtmeditation im Liegen: wie Atemübung auf S. 57 aber mit der Vorstellung von weißem Licht, das wir einatmen und mit jedem Ausatmen in die entsprechende Körperstelle lenken. Dabei betrachten wir unser Inneres als lichtdurchflutete Höhle und wir selbst verwandeln uns in einen heilbringenden Energiestrom von weißem Licht. Wir schenken jeder Körperstelle mit dem Ausatmen Zuwendung und heilende Energie und sehen in der Vorstellung die jeweilige Körperstelle dankbar zu uns zurück strahlen. Danach geben wir das bewusste Atmen auf und ruhen uns eine Weile aus, bevor wir den Alltag wieder aufnehmen.

Hilfreiche Steine: Rosenquarz, Aventurin, Kunzit, Smaragd, Jade, alle rosafarbenen und grünen Steine.
Aromatherapie: Rosenöl, Kamille, Lavendel, Neroli, Orange, Sandelholz

'Dämon' der Verzweiflung

Vorherrschende Schatten können sein: „Kloß im Hals", „die Kehle ist wie zugeschnürt", stottern oder unausgegorener Redeschwall, eingeschüchtert sein, sich ducken, Auswegslosigkeit, 'innere Leere', Einsamkeit, Schuldgefühle, Zwangsgrübeleien, fremdbestimmt handeln.

Ausgleich erfolgt z.B. mit Meditation, Yoga, bewusster Atemlenkung, autogenem Training etc. Man muss ein Körper- und Gefühlsbewusstsein entwickeln. Das heißt, man muss sich immer wieder auf seine Emotionen besinnen; Emotionen im Körper lokalisieren; in Emotionen bewusst hineinatmen, wahrnehmen, annehmen und beim Namen nennen. **Befreiung** erfolgt durch Atemlenkung und ein „Sich-Hineinversetzen" in die Geheimnisse des Körpers (Unterbewusstsein), die auch gleichzeitig die Geheimnisse der Welt sind, z.B. mittels Traumdeutung, erkennen der Fremdbestimmung, den Traumpartner aufsuchen.

Atemlenkung:
Besonders hilfreich ist die bewusste Atemlenkung in Körperstellen, die schmerzen oder verspannt sind. Dabei konzentriert man sich auf die verspannte Stelle und atmet durch die Nase ein und aus. Das Ausatmen in der Vorstellung direkt in die verspannte Stelle leiten und doppelt solange ausatmen wie einatmen. Den Vorgang solange wie nötig wiederholen.

Heilmeditation im Liegen: 'Ich aktiviere bewusst mein Halschakra'. Dabei sich vorstellen wie blaues Licht eingeatmet wird. Beim Ausatmen das blaue Licht im Hals und

Schulterbereich kreisen lassen. Dabei unentwegt die Absicht innerlich wiederholen. Wieder blaues Licht einatmen usw. bis sich das Körpergefühl ändert und der Hals- und Schulterbereich mit dem Halschakra ein Gefühl von Freiheit und Weite vermittelt. Jetzt das blaue Licht sich im ganzen Körper ausbreiten lassen und das bewusste Atmen aufgeben. Eine kleine Weile den Lichtstrom genießen. Dann das Halschakra schließen, indem man sich vorstellt, wie eine geöffnete blaue Lotusblume ihre Blätter schließt.

Zenmeditation:
Gehe in der Natur spazieren. Gehe einfach nur und atme einfach nur. Sobald Gedanken, Erinnerungen etc. deine Aufmerksamkeit beanspruchen, gib ihnen einen Namen und schließe sie in eine durchsichtige Luftblase ein. Lass diese Luftblase davon schweben und, wenn du möchtest, lass sie wie eine Seifenblase zerplatzen.
Kehre wieder mit deiner Aufmerksamkeit zu deinem Atmen und Gehen zurück und verweile im 'Hier und Jetzt'.

Auf diese Weise kann man alle unangenehmen Gedanken, besonders die Zwangsgedanken, Emotionen und Menschen, die einen suggestiv belästigen, allmählich aus seinem Bewusstsein verschwinden lassen. Um sie auch aus seinem Leben allmählich verschwinden zu lassen, begebe man sich in Gedanken an seinen ‚inneren Rückzugsort' oder 'inneren Garten', erinnere sich an die unangenehmen Dinge, wünsche ihnen alles Gute, schließe sie in eine Luftblase ein, lasse sie davon schweben und zerplatzen. Diese Vorstellung wiederhole man so oft man will, besonders dann, wenn die unangenehmen Dinge zurückkommen wollen. Irgendwann belästigen sie einen nicht mehr.

Transformations-Lichtmeditation: siehe oben

Hilfreiche Steine: Aquamarin, Türkis, Chalzedon, alle blauen Steine.
Aromatherapie: Anis, Majoran, Minze, Orange, Rosmarin
Autosuggestion: Ich wähle unbeeindruckt von meiner Verzweiflung zu bleiben.
'Loslassen'-Mantra: Ich bin dankbar, dass sich alles in Wohlgefallen aufgelöst hat.

'Dämon' der Depression

Dieser Dämon bewirkt Ohnmachtsgefühle, Depressionen, Kopfschmerz, Antriebslosigkeit, Unfähigkeit einen klaren Gedanken zu fassen, Wahnvorstellungen.

Befreiung und Ausgleich erfolgt durch bewusste Gedankenlenkung.

Mittels seiner Gedanken und deren Wirkung auf Wille und Vorstellung schafft sich der Mensch seine Realität selbst, deshalb wird es hier notwendig, wenn man irgendetwas in seinem Leben verbessern möchte, zuerst regelmäßig mittels **Transformations-Lichtmeditation** auf negative Emotionen einzuwirken. Man benutzt dabei die Frequenzen der langwelligen Gehirnströme wie grün, blau, lila, weiß.

Weiterhin sollte man die tägliche ‚Gehirnwäsche' vor dem TV-Gerät, besonders von Werbe- und Unterhaltungssendungen so oft wie möglich meiden, um die 'Anästhesierung' und damit Ablenkung von sich selbst zu vermeiden.

Außerdem übe man sich in bewusster Gedankenlenkung z. B. mittels **Zenmeditation** s. o..

Ritual – Beschwörung eines Geistes (S. 58)

Heilmeditation im Liegen: '*Ich aktiviere bewusst mein Stirnchakra*'. Dabei sich vorstellen wie mitternachtsblaue Farbe eingeatmet wird. Beim Ausatmen die dunkelblaue Farbe im Stirn und Kopfbereich kreisen lassen. Dabei unentwegt die Absicht wiederholen. Wieder dunkelblaue Farbe einatmen usw. bis sich das Körpergefühl ändert und der Druck aus dem Stirn- und Kopfbereich verschwindet. Jetzt die dunkelblaue Farbe sich im ganzen Körper ausbreiten lassen und das bewusste Atmen aufgeben.

Eine kleine Weile in tiefes dunkelblau eingetaucht bleiben. Dann das Stirnchakra schließen, indem man sich vorstellt, wie eine geöffnete dunkelblaue Lotusblume ihre Blätter schließt.

Hilfreiche Steine: Lapislazuli, Saphir, Sodalit, alle dunkelblauen Steine.

Aromatherapie: Zeder, Petersilie, Neroli, Lemongras

Tarotkarten-Befragung (Großes Arkanum)
zwecks Erkenntnis der Situation im Feinstofflichen

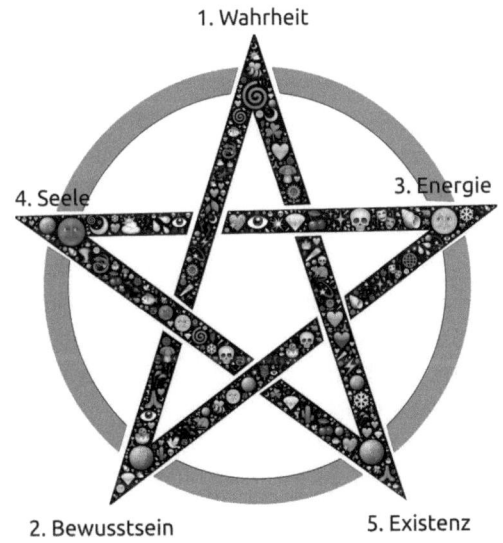

auch: 1. Gesundheit, 2. Glück, 3. Liebe, 4. Karma, 5. Geld
oder: 1. Berufung, 2. Bewegung, 3. Ernährung, 4. Selbstliebe,
5. Kraftort

'Dämon' der Verunsicherung

Dieser Dämon bewirkt Rastlosigkeit, innere Unruhe, Angst vor dem Tod, Emotionen von Sinnlosigkeit und Minderwertigkeit.

Befreiung und Erleichterung erfolgt durch Tanz, Musik, Yoga und Meditation.

Bauchtanzmeditation:
Bauchtanzmeditation besteht in der bewussten Lenkung der Aufmerksamkeit auf die Bewegung beim Tanzen. Wir machen die Bewegung und konzentrieren uns gleichzeitig auf diese Stelle unseres Körpers, an der die Bewegung geschieht. Es geht um ein sanftes, müheloses Ruhen von Wahrnehmung und Aufmerksamkeit. Wenn wir das konsequent durchhalten, sind wir ganz bei uns. Noch einmal: Das Wesentliche ist, die bewusste Aufmerksamkeit auf die Wahrnehmung der Bewegung zu richten. Das hilft uns, unseren Körper im 'Hier und Jetzt' zu spüren, wertzuschätzen und uns einzufühlen.
Spüre in dich und die Bewegung hinein, nimm deinen Körper bewusst wahr mit der Frage im Herzen: was geschieht mit mir, wenn ich diese Bewegung mache?
Gleichgültig welche Wahrnehmungen bewusst werden, sie alle werden in Richtung Lustempfinden verschoben, **wenn wir sie annehmen.** Wenn wir etwa auf Schmerzen stoßen, sollen wir diese nicht bekämpfen oder ablehnen, sondern den Schmerz akzeptieren und verschiedene Veränderungen und Bewegungskorrekturen ausprobieren, die das Schmerzempfinden in Richtung Lustempfinden lindern.
Diese Art zu tanzen kann auf die Dauer die Leistung aller unserer Sinne steigern und uns ein intensives Wohlbehagen vermitteln.

Atemübung:

Atem lenken heißt Aufmerksamkeit lenken. Zur Entspannung lenke man jeden Tag, wenn man Zeit für sich selbst hat, oder abends vor dem Einschlafen, durch tiefes ein- und ausatmen die Aufmerksamkeit auf seinen Körper im Liegen oder Stehen wie folgt:

Einatmen ins **Herz**, ausatmen in die **Fußsohlen**, drei mal.
Einatmen ins Herz, ausatmen in die **Knie**, drei mal.
Einatmen ins Herz, ausatmen in den **Beckenboden**, drei mal.
Einatmen ins Herz, ausatmen in die **Hüften**, drei mal.
Einatmen ins Herz, ausatmen in den **Nabel**, drei mal.
Einatmen ins Herz, ausatmen in das **Zwerchfell**, drei mal.
Einatmen ins Herz, ausatmen in die **Schultern**, drei mal.
Einatmen ins Herz, ausatmen in den **Hals**, drei mal.
Einatmen ins Herz, ausatmen in den **Scheitel**, drei mal.
Einatmen ins Herz, ausatmen in die **Handflächen**, drei mal.
Einatmen ins Herz, ausatmen in das **Herz**, drei mal.

Auf diese Weise trainiert man das Gewahrsein für sich selbst und hat es im Alltag leichter, achtsam zu sein, sein Bauchgefühl wahrzunehmen und seinem Instinkt zu folgen.

Hilfreiche Steine: Amethyst, Bergkristall, alle weißen und violetten Steine.

Aromatherapie: Ylang-Ylang, Bergamotte, Jasmin, Koriander, Nelke, Zitrone

Ritual: Einen Fluch brechen (s. S. 59)

Autosuggestion: Ich wähle, mich an mich selbst zu erinnern.

Rituale

Beschwörung eines Geistes

Beobachte einen Tag lang deine negativen Gedanken und schreibe sie auf einen Zettel. In der Dämmerung ziehst du um dich herum den magischen Schutzkreis, indem du mit dem Zeigefinger oder Zauberstab in alle vier Himmelsrichtungen ein stehendes Pentagramm im Uhrzeigersinn in die Luft malst. Beginne im Osten, dann folgen Süden, Westen, Norden. So geschützt verbrennst du den Zettel in einem feuerfesten Gefäß (z.B. großen Aschenbecher) und übergibst auf diese Weise dem Geist des Feuers all deine negativen Gedanken. Sprich während der Zettel verbrennt:

Geist des Feuers nimm die Gedanken,
die mich fesseln,
verwandle sie und brich die Ketten,
gib Klarheit mir und hilf mich retten.

Wiederhole den Spruch solange wie das Feuer brennt. Wenn das Papier herunter gebrannt ist, danke dem Geist des Feuers, verabschiede dich von ihm, öffne den magischen Kreis, indem du um dich herum mit dem Zeigefinger oder Zauberstab in alle vier Himmelsrichtungen ein stehendes Pentagramm gegen den Uhrzeigersinn in die Luft malst. Beginne im Osten, dann folgt Norden, Westen, Süden. Damit wird der Kreis geöffnet und der herbei gerufene Geist des Feuers entlassen.

Einen Fluch brechen I

Salz hilft bei Verfluchtsein. Mixe dir eine große Flasche Salzwasser und beim nächsten Duschen gießt du sie dir abschließend über den Kopf. Achte darauf, dass das Wasser den ganzen Körper abwäscht. Stell dir dabei vor wie alles negativ Anhaftende mit dem Salzwasser im Abfluss verschwindet. Dazu sprichst du einen Reinwasch-Spruch, der sich reimt. Am besten ist es, wenn du dir den Spruch selbst ausdenkst. Du kannst aber auch meinen Spruch benutzen (s. u.). Anschließend bedankst du dich bei der großen Göttin bzw. Mutter Erde für ihre Hilfe und opferst dem nächsten Tierheim eine Spende. Damit sollte die Sache erledigt sein.

Geist der Erde, nimm weg den Fluch,
der mich gefunden.
Verwandle ihn, lass mich gesunden.
Nimm ihn zurück! -
Zu meinem Glück bin ich jetzt frei.
Und das ist fein, so soll es sein.

Einen Fluch brechen II

Ziehe in der Dämmerung um dich herum den magischen Schutzkreis. Begib dich in deine Meditationshaltung und atme mehrmals tief durch bis du ruhig und entspannt bist. Schließe die Augen und visualisiere den Fluch in Form eines auf dem Kopf stehenden schwarzen Pentagramm. Nun richte einen Energiestrahl aus reinem gleißenden weißen Licht von dir aus auf das Pentagramm. Siehe wie sich das Pentagramm allmählich vom Kopf auf die Füße dreht und strahlend weiß wird. Der Fluch ist gebrochen. Beende die Meditation.

Neutrino-Power im alten Ägypten

Pyramiden in den Maßen der Cheopspyramide sind Null-Punkt-Energie-Konverter (**Chi**–Konverter). Wenn man einen Gegenstand in die Mitte der Pyramide stellt, werden die Moleküle des Gegenstandes im Sinne der ursprünglichen Ordnung ausgerichtet. Der Gegenstand zieht anschließend das Chi (Neutrinos) an wie eine Antenne. Als Beweis gilt allgemein das Beispiel von der zerbrochenen Rasierklinge, deren Struktur sich im Pyramiden-Experiment an der Bruchstelle neu ausrichtete. Neutrinos (Chi) sind überall im Universum. Sie sind dort wo die Physik von Vakuum (Raum) spricht und sie sind schneller als das Licht. Schwarze Löcher schlucken alles einschließlich Licht und das einzige, was wieder heraus kommt, sind Neutrinos. Wenn Pyramiden Neutrino-Power-Konverter sind und sie überall auf der Erde verteilt sind, dann ging es einstmals in einer untergegangenen globalen Zivilisation wie auch im alten Ägypten darum, zum Zwecke der Heilung Chi verfügbar zu machen.

Chi ist Lebenskraft. Sex ist **Lebenskraft**. Chi / Lebenskraft ist die einzige Energie, die wir besitzen. Deshalb empfiehlt der Schamane Castaneda, dass wir mit Sex geizig haushalten sollten.

Sex und der Sinn des Lebens

Castaneda spricht von drei Bereichen: das Bekannte (Diesseits / Langeweile), das Unbekannte (Unterwelt / Abenteuer), das Unerkennbare (Unbegrenzte / Orientierungs-losigkeit / Chaos).

Der Wille / Geist gehört zum Unbekannten.

Das Unerkennbare bzw. Unbegrenzte wird nach den

Vorstellungen der alten Ägypter von der Ma'at regiert. Castaneda sagt: *Wir sehen nur das, was wir zu sehen gelernt hätten. Wir sehen eine Welt von Gegenständen. In Wirklichkeit sind dort draußen die Emanationen des Adlers.* Der **Adler** ist Castanedas Symbol für das Unerkennbare, das Unbegrenzte der alten Ägyper, welches von der Ma'at regiert wird.

Sinn des Lebens ist die Erweiterung des Bewusstseins (Selbstwerdung), sich zu vergeistigen. Castaneda unterscheidet drei Bewusstseinszustände:

- Durch Erfahrung gereiftes Bewusstsein = 1. Aufmerksamkeit
- Körperbewusstsein = 2. Aufmerksamkeit
- Erleuchtung (inneres Feuer) = 3. Aufmerksamkeit

Der Adler verleiht Bewusstsein und frisst es wieder auf. Der Adler ist mit dem Körper spürbar.
Der Sinn des Sex *ist, Leben zu erzeugen. Durch Sex verleiht der Adler dem Kind Bewusstsein.*
Indem man Kinder bekommt, schmälert man bei sich selbst die Glut der Bewusstheit. (Castaneda)

Desweiteren spricht Castaneda vom **'Verbündeten'**. Der Verbündete ist das was mit der eigenen Existenz verbunden ist. Bei Busson sind der 'Wächter' und der 'Fangerl' die **zwei Seiten des 'Verbündeten'**, des unsterblichen Teils des Selbst / Geistes, des Höheren Selbst.

Der Wächter / der 'Hüter der Schwelle' / der Schutzgeist ist der unsterbliche Teil des Selbst.

Der 'unsterbliche Teil des Selbst' ist die Geistform aus früheren Inkarnationen, eine Form, die einen warnt, schützt, am Scheideweg hilft (bei Busson die Figur des 'Ewli').

Der Schatten / das Dunkle ist der Teil des unsterblichen Selbst aus Fehlern / Sünden und den erworbenen unerlösten Traumata dieses und aller vorherigen Leben (bei Busson die Figur des 'Fangerl').

Paul Busson: *'Sterben ohne das Bewusstsein zu verlieren gelingt dann, wenn man sich während des Sterbens auf den festen Willen konzentriert, sich an alles zu erinnern.'*

Die Sicherheit der Seele

Die Sexualität (Körper) ist der Transmissionsriemen des Menschen für die Erkenntnis von sich selbst, seiner Seele, der Liebe, des Lebens. Sexuelle Triebe muss man analysieren lernen. Sie dienen dem Menschen als Treibstoff für den Geist.

Sogar die Bibel enthält noch, wenn auch völlig verstellt, einen Hinweis zum Erwerb von Erkenntnis über sich selbst. Wir kennen alle die Allegorie von der Schlange und dem Apfel vom Baum der Erkenntnis.

Aber entgegen der Bibelbehauptung, die die Schlange für den 'Teufel' hält, bedeutet 'den Apfel vom Baum der Erkenntnis essen' in Wirklichkeit, Sexualität hinterfragen lernen und die Seele (Schlange / Chi = Lebenskraft) erkennen. Die Schlange ist die Seele! Aber die Seele folgt der Ma'at, der großen Göttin! Solange der Mensch seine Seele nicht kennt, besteht die Gefahr, dass er in die Falle tappt und leidet.

Die Allegorie in der Bibel besagt genau genommen: Dadurch, dass du deiner Seele (*Schlange*) zuhörst, die vermittels deines Körpers (z. B. Bauchgefühl, Sexualität, Frustration, Emotion, Krankheit etc. - *Baum der Erkenntnis!*) mit dir kommuniziert, nimmst du deine Bedürfnisse (*Apfel*) selbst wahr, indem du sie erkennst (*essen*) = Bewusstsein. Jetzt bist du in der Lage, die richtigen Entscheidungen zu treffen und die Verantwortung für dich selbst zu übernehmen.

Oder, um es nochmals mit Edgar Cayce anders auszudrücken:

'Geist ist mehr als Bewusstsein. Das Bewusstsein entsteht erst in der Inkarnation durch das Anwenden des Willens auf die Begierde.'

Der Körper ist der Transmissionsriemen für den Geist, den Spirit. Immer wenn Sex ohne Liebe geschieht, wird die Lebenskraft (Seele) geschwächt und somit der Geist / Wille verdunkelt. Dann hat man keine Durchsetzungskraft im Unbekannten / in der Unterwelt (im Feinstofflichen / in der Astralwelt) mehr. Man hat keine Magie mehr. Man kann nicht mehr zaubern. Niemand agiert in der Unterwelt für einen. Anstelle des Geistes zieht Angst (Schatten / Negativität) in den Körper ein. Der **Montagepunkt** (Castaneda) verschiebt sich.
Der Montagepunkt ist der innere Halt, der Bezugspunkt, die Mitte, ist das, was uns im Innersten zusammenhält, unser Weltbild konstituiert, ist die Grundlage für das kompensierte Gleichgewicht. Den Montagepunkt verschieben heißt nicht, einfach nur die Perspektive wechseln, sondern **den Willen neu ausrichten**, an veränderte Umstände anpassen, die innere Einstellung ändern, eine falsche Entscheidung revidieren.
Bei unabsichtlicher Verschiebung aufgrund äußerer Umstände, weil sich das Gleichgewicht verändert, wie z.B. bei existenziellem Widerspruch, Mobbing, Verlust eines geliebten Menschen, Ehebruch etc. droht Orientierungslosigkeit, Verwirrung, Gefahr. Die Lücke im Energiekörper entsteht, durch die der Tod eintreten kann.

In den Tod eintreten heißt: in die Zeit eintreten. In die Zeit eintreten heißt: in die Veränderung eintreten. Die Zeit verändert alles, auch die Wörter. Das einzige was den Tod aufhält ist das Bewusstsein.
Makellosigkeit besteht darin, die Grenzen bzw. Bruchlinien des eigenen Charakters zu erkennen und mit Hilfe der Gegenkraft

(der Ma'at) zu überwinden, dann kontrollieren wir auch das Schicksal. Eben zu diesem Zweck, nämlich das Schicksal bzw. unseren Charakter erkennen und damit beeinflussen zu lernen, sind wir vom Schicksal selbst in die physische Existenz hinein geworfen worden. Diese Existenz ist nur die Weiterentwicklung der vorhergehenden.

Deshalb frage dich bei sexuellen Begierden immer: *„Bringen sie die Wärme, das Licht? Oder bringen sie Krankheit, Hass und Angst?"* (Cayce) Denn nur, wenn sie die Wärme, das Licht bringen, sind sie im Einklang mit deinem Geist und dienen deinem Leben.

Bauchtanz und Meditation sind gut für den Geist, weil die Schatten ins Bewusstsein geholt und dadurch der Wille neu ausgerichtet bzw. an veränderte Umstände angepasst werden kann.

Man sollte noch zu Lebzeiten seine Seele in der Unterwelt sehen bzw. bevor man stirbt den Geist von Schatten / Negativität befreien und auf diese Weise den Traumkörper schaffen, nur dann ist man auch im Jenseits sicher, das heißt geschützt vor dem zweiten Tod, dem *'Zerfall des feinstofflichen Körpers in auseinander treibende Fragmente'* (Sagan).

***

Hexentanz ist ekstatischer Tanz

Viele Hobby-Bauchtänzerinnen schätzen den Wert, den Bauchtanz nicht nur für die körperliche, sondern auch für die seelische Gesundheit hat. Dieser Wert liegt in seiner psychologisch-spirituellen Dimension, die sich der Bauchtänzerin dann offenbart, wenn sie den Tanz als Meditation praktiziert und sich von Melodie, Rhythmus und der eigenen Bewegung vollkommen erfassen lässt.

Da Bauchtanz ursprünglich aus Ekstase-Kulten nomadisierender Stämme Afrikas und des Orients stammt und daher eine uralte Methode ist, um Körper und Geist zu vereinen und wieder bei sich selbst anzukommen, kann man in stressigen Situationen perfekt abschalten, wenn man sich seine Lieblingsmusik in den CD-Player einlegt und sich einfach bauchtanzend zu den Rhythmen bewegt. „Aber das kann ich doch mit jeder Musik und jedem Tanz", wirst du jetzt vielleicht sagen. Doch Bauchtanz wirkt genau auf die *„drei Engen"* (Wilhelm Reich) des Körpers ein und löst dort gezielt Blockierungen der Energie (= ins Unbewusste verdrängte Emotionen) auf. Das kann man nicht von jedem beliebigen Tanzstil behaupten.

Die Art der Bewegungen besteht im isolierten Schütteln, Schieben, Kreisen, Kippen, Heben, Senken, Zittern (Shimmy) von Körperteilen, wobei der restliche Körper in Ruhestellung verbleibt. Auf diese Weise interagiert jeder Körperteil einzeln mit der Schwerkraft. Das ist eine echte Herausforderung und muss durch regelmäßiges Training eingeübt werden.

Die „drei Engen", die Reich beschreibt, befinden sich im Beckenboden, dem Zwerchfell- und dem Halsbereich. Es sind Stellen, an denen Ringmuskeln ihre Arbeit verrichten. Das sind Muskeln, die eine Öffnung ringförmig umgeben, weil etwas zeitweise verschlossen werden muss (zum Beispiel After, Mund, Augenlid, Harnblase, Iris). An den „drei Engen" machen sich zuallererst Verkrampfungen bemerkbar, wenn wir Emotionen verdrängen. Im Laufe der Zeit bilden sich dort sogar Körperverformungen aus. Was heißt das genau? Es bedeutet, dass der Körper immer mit der Schwerkraft agiert und fließt. Wenn die Energie an bestimmten Körperstellen nicht fließen kann, weil sich dort Blockierungen ergeben haben, bildet der Mensch in Bezug zur Schwerkraft ein kompensierendes Gleichgewicht aus – eine verformte, unnatürliche Körperhaltung entsteht.

So etwas lässt sich leicht bei älteren Menschen beobachten, die aufgrund derartiger Verformungen zum Beispiel oft vornübergebeugt gehen. Doch das ist kein unabwendbares Schicksal. Man muss lediglich regelmäßig Blockierungen des Energieflusses in den 'drei Engen' verhindern. Das kann man beispielsweise durch Bauchtanzbewegungen und Meditation erreichen. Man wird dadurch auch zunehmend körper- und gefühlsbewusst, was an sich schon Blockierungen verhindert.

Der Beckenboden-, Zwerchfell- und Halsbereich des Körpers korrespondiert in spiritueller Hinsicht mit den feinstofflichen Energiezentren, die im Yoga „Chakra" genannt werden. So entspricht dem Beckenboden das Wurzel- und Sakralchakra, dem Zwerchfell das Solar- und Herzchakra, dem Hals das Kehl- und Stirnchakra und der Wirbelsäule das Kronenchakra.

Durch die Wirbelsäule steigt nach verbreiteter Ansicht der Yogis die im Wurzelchakra ruhende Kundalini hoch zum Kronenchakra und führt auf diese Weise zur Erleuchtung (Ekstase). Durch regelmäßig praktizierte Bauchtanz-bewegungen stimulieren wir automatisch im feinstofflichen Körper die entsprechenden Chakren. Daher können Ekstaseerlebnisse auch durch Bauchtanz eintreten. In jedem Fall wird aber jegliche körperliche Blockierung bei regelmäßiger Übung wieder aufgelöst und die gefürchteten Körperverformungen und -steifheiten des Alters bleiben aus.
Bauchtanz ist, wenn man so will, Yoga in Bewegung. Durch die permanente Bewegung in den entsprechenden Körperteilen zum Rhythmus der Musik wird der Körper entspannt und der Geist von „Verdunklungen" befreit. Regelmäßig ausgeführt

ergibt sich ein nachhaltiges körperliches Wohlbefinden. Jedoch müssen wir auch bereit sein, uns auf uns selbst einzulassen, um uns von Blockierungen zu befreien. Wir müssen überhaupt erst einmal offen dafür sein, die mit den Blockaden einhergehenden unangenehmen Beklemmungen / Schmerzen wahrzunehmen. Denn alles Schwere muss erst gesehen werden, damit es sich in Leichtigkeit und Entspannung verwandeln kann.

Wenn durch die permanente isolierte Bewegung einzelner Körperteile in der Bauchtanzmeditation zeitversetzt Energie-Blockierungen ins Bewusstsein kommen wollen, kann sich das z. B. in Zuständen von Beklemmung oder Schmerz äußern, oder es kommt zu Panikattacken und Albträumen.

Erste Hilfe bei derartigen Zuständen ebenso wie bei schwarzmagischen Angriffen, die sich genauso äußern, bietet aus schamanischer Sicht das Handauflegen auf die schmerzende Stelle wie folgt:

Man lege sich in der Haltung des Gehängten (Tarot) auf das Bett oder auf eine Decke am Boden, entweder auf den Rücken oder auf den Bauch, je nachdem was angenehmer ist. Die rechte Hand lege man auf die schmerzende Stelle am Körper (oder auf das Herz, wenn keine schmerzende Stelle auszumachen ist, wie bei Panikattacken und Albträumen), die linke Hand auf eine der 8 Zentren und 4 Ecken des Körpers: Scheitel, Kehle, Schultern, Herz bzw Zwerchfell, Nabel, Hüften, Schambein, Steißbein, Knie, Fußsohlen; vorzugsweise auf eine Stelle möglichst weit weg von der schmerzenden Stelle.

Dann konzentriere man sich auf seine Hände einschließlich der Stelle, wo die Hände aufliegen und lenke den Atem. Dabei atme man tief in das Herz ein und in die Hände aus. Die Gedanken werden durch die Konzentration auf die Ein- und Ausatmung beruhigt. Man denke also unentwegt an die Hände und die Körperstelle, die sie abdecken und atme tief ein und aus. Das dürfte allmählich zu einer Beruhigung und das Nachlassen des Schmerzes führen, wodurch man sich wieder entspannen kann, oder, falls der Anfall nachts auftritt, wieder einschlafen kann. In der Regel erscheinen anschließend die Ursachen der Blockierung im Traum.

Sollten zeitversetzt Emotionen hochkommen, lasse man sie zu und gebe sich ihnen hin. *Gefühlswallungen sind erfahrungsgemäß von kurzer Dauer, führen aber zu den Ursachen der Blockierung.* (Cantieni) Sobald sie im Bewusstsein angekommen sind, ist man befreit. Danach gehen Bauchtanzbewegungen, die erst schwierig waren, plötzlich wie von selbst und Freude stellt sich ein.

Transformation im Tanz

Beim Voodoo nehmen Elementar-Geister unterstützende Funktionen bei der Transformation von Schatten durch Tanz ein. Parallel dazu haben auch spezielle Bewegungsformen beim Bauchtanz entsprechende Wirkungen auf psychische Probleme und Antriebskonflikte:

Wenn wir für uns selber tanzen, helfen beispielsweise die Geister der <u>Luft</u> bei Problemen mit dem Glück, der Zufriedenheit und dem eigenen Geisteszustand. Tanze in diesem Fall hauptsächlich mit dem Brustkorb und Oberkörper. Spezielle Übungen sind Schulter-Shimmy, verschiedene Bewegungen der Schultern, Arme und Hände, Brustkorbkreisen, -schieben, -heben und -senken, Körperwelle; Schleiertanz. (6. u. 7. Chakra / Mentalkörper) – Musikempfehlung: z.B. *Through the Ankh* von Hossam Ramzy

Bei Problemen mit der Liebe und mit der spirituellen Existenz im weitesten Sinne helfen die <u>Feuer</u>geister. Entsprechend müssen wir zum Ausgleich wirbeln, schütteln, drehen, zucken und zittern, also Shimmys in allen Variationen und Drehungen

tanzen; Trommeltanz. (1. Chakra / Vitalkörper) –
Musikempfehlung: z.b. *Never Mind* von Hossam Ramzy

Bei Autoritätsproblemen (mangelndes Selbstwertgefühl) helfen
die <u>Wasser</u>geister. Für mehr Selbstwert und -vertrauen Kreise,
Achten und Wellen tanzen; Baladi. (3. und 5. Chakra /
Astralkörper) – Musikempfehlung: z.b. *Love is not
Forbidden* von Hossam Ramzy

Bei Geldproblemen kannst du die <u>Erd</u>geister anrufen mit
Tänzen des Stampfens oder des Schwappens wie zum Beispiel
Drop-Schritte, ¾ Shimmy-Schritte, Hagalla, Bauchschwapp;
Zimbeltanz. (4. Chakra / Ätherkörper) – Musikempfehlung:
z.b. *The Beauty of Your Eyes* von Hossam Ramzy

Bei Gesundheitsproblemen (Antriebskonflikten) helfen die
<u>Holz</u>geister. Tanze Halbkreise, Schwung, Kippen, Pendel,
Twist, Schieben von Becken und Hüfte; Stocktanz. (2. Chakra /
Kausalkörper) – Musikempfehlung: z.b. *Secrets of the Eye*
von Hossam Ramzy

Musik ist der Schlüssel
Nicht jede Musik ist für Bauchtanzmeditation geeignet.
Wichtig ist eine Musik, die dem 'Geistesrhythmus' der Tänzerin
entspricht. Deshalb muss sich jede Tänzerin selbst auf die
Suche nach der für sie geeigneten Musik machen. Es ist immer
eine Musik, die einen regelrecht elektrisiert, bei der man eine
'Gänsehaut' bekommt, nicht mehr stillsitzen kann, sondern
tanzen muss. Auf diese Weise überwindet man den inneren
Widerstand ('Dämon'), die Unlust, die Trägheit, die einen an
der Befreiung von Beklemmungen durch die Wahrnehmung
des persönlichen Gleichgewichts hindern will.
Im Bauch ist das 'zweite Gehirn' oder anders ausgedrückt: im

Bauch befindet sich der Montagepunkt des Willens / Geistes. Bauchtanzmeditation ist aber eine uralte Methode zur Wiederherstellung des persönlichen Gleichgewichts wenn sich der Montagepunkt verschoben hat und die Lücke im Energiekörper entstanden ist, durch die der Tod eintreten kann. Durch das Gewahrwerden der ausgleichenden Kraft (Ma'at), der Wahrheit, der größeren Schwerkraft wird die Lücke wieder geschlossen, neues Gleichgewicht gefunden und die Lebenskraft gestärkt.

Der feinstoffliche Körper – die Aura:

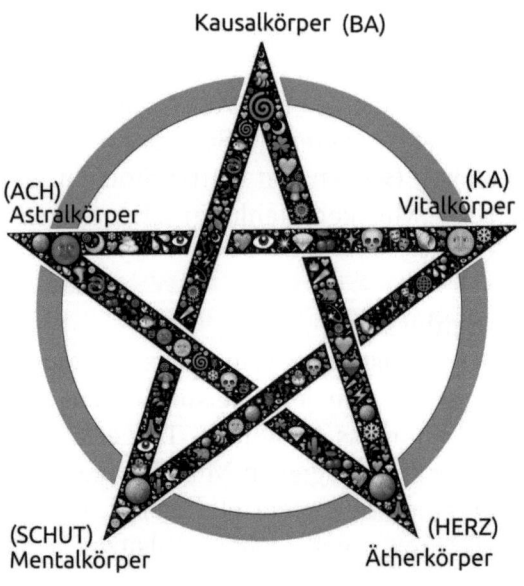

Hexe sein ...

... beeinhaltet per se eine bestimmte Sicht der Welt und eine bestimmte Geisteshaltung. Diese Weltsicht, entstanden aufgrund langer Erfahrung im Umgang mit der Natur und mit der menschlichen Psyche, ermöglicht zusammen mit der Kraft reinen Herzens und der Einhaltung bestimmter Regeln (z.B. Feiern der Jahresfeste, Führen des Buchs der Schatten, Hexenethik[2], etc.) potenziell folgende Fähigkeiten:

1. Mittels Orakel, Kristall, Schwarzspiegel etc. in eine mögliche Zukunft sehen
2. Mit Tieren kommunizieren
3. Zauber wirken bzw. Energien lenken
4. Zwiegespräche mit der Natur und deren Geistwesen führen
5. Herbeirufen von Elementals und Lichtwesen
6. Kontakt zur Unter- oder Anderswelt
7. Astralprojektionen und luzides Träumen
8. Magisch wirken durch innere Stärke mit Gestik, Ritual, Willenskraft und Instinkt
9. Wandern zwischen den Welten (Schamanisch Reisen)
10. Heilung / Schädigung
11. Verfluchen und brechen von Flüchen. Verwünschungen werden meist eingesetzt als Bestrafung. Anders als schwarzmagische Manipulationen äußern sich Hexenflüche dadurch, dass sie wieder verschwinden, ohne weiteren Schaden anzurichten, wenn man seine Schuld aussühnt.
12. Mittels der Spirits für die Sicherheit der Seele im Diesseits und im Jenseits sorgen
13. Kontakt zu Göttinnen/Göttern und Verstorbenen aufnehmen

---

2   Zum Beispiel: ‚Wenn es niemanden schadet, tue was du willst.‘

Hexen glauben an die spirituellen Kräfte in der Natur und kommunizieren mit ihnen, indem sie sich mit dem in ihnen selbst wohnenden persönlichen Naturgeist verbinden. Anders ausgedrückt: Sie verbinden sich mit ihrer inneren Kraft, als Teil der Naturkraft, um mittels dieser mit der übrigen Natur zu kommunizieren.

Zwecks Verbindung mit der inneren Kraft versetzen sie sich in einen ekstatischen Zustand. Hilfsmittel hierfür sind z. B. Tanz, Trommelmusik, Drogen. Diese Art Ekstase-Kult war schon in der Antike bekannt und im Mittelalter im Volk noch weit verbreitet und wurde ab Mitte des 14. Jh. von der Kirche dämonisiert, verfolgt und bekämpft. Im 'finsteren' Mittelalter ist die Kommunikation nicht auf Menschen beschränkt. Kommuniziert wird u. a. mit Pflanzen, Tieren, Geistern, Dämonen, Toten, Heiligen, Märtyrern sowie Gott und Göttin. *"Die Welt ist vollständig beseelt und verzaubert."* (Schwanitz) Selbst heutzutage begeht man auf ekstatische Weise in einigen Gebieten Griechenlands, dem ehemaligen Land der Göttinnen Aphrodite und Artemis, mit kirchlicher Duldung und unter kirchlichen Vorzeichen (Fest des Heiligen Konstantin) mit der gesamten Gemeinde noch das Frühlingsfest Anthestaria, bei dem man drei Tage lang tanzt und abschließend im ekstatischen Zustand über glühende Kohlen läuft, ohne sich die Füße zu verbrennen.
Die Rückkehr der Lebenskraft in die Natur wurde auf diese Weise im Frühling ekstatisch gefeiert und ins eigene Leben zur Stärkung der eigenen Seelenkraft übernommen.

Die Weltsicht aus der Antike dauerte im Mittelalter (immerhin 1000 Jahre) weiter an. Außerdem breiteten sich seit dem Zerfall des römischen Imperiums mit der Völkerwanderung die Ekstasekulte der aus Asien eingewanderten nomadisierenden

Stämme in ganz Europa weiter aus und standen zunehmend in Konkurrenz zur Weltsicht der aufstrebenden Macht der christlichen Kirche, die ein diesseitiges Paradies im Einklang mit der Natur strikt verneinte und das Natürliche im Menschen als Sünde verunglimpfte.

Die Ablehnung durch die Kirche ging seit Beginn der Neuzeit und der Entwicklung von der Feudal- zur Geldwirtschaft zusätzlich einher mit dem politischen Willen auch der weltlichen Obrigkeit, „... *alle Bereiche des menschlichen Daseins ‚rational‘, nach kalt berechenbaren Regeln gestalten ...*" zu können. (Golowin)

So ist es bis heute geblieben. Eine einseitige Betonung des Rationalen führte zum technischen Fortschritt einerseits aber auch zur seelische Verarmung des modernen Menschen andererseits.
In unserer entarteten Gesellschaft ohne spirituelle Verbindung zur Natur hat inzwischen die Zerstörung der Natur durch technischen Fortschritt, u. a. z. B. mittels KI, riesige Ausmaße angenommen und damit zwangsläufig den Untergang der gesamten Menschheit als Konsequenz. Denn, wenn man sich von KI abhängig macht, verrät man die eigene göttliche Natur vollends und wird zum Spielball der Umwelt, zum Sklaven der toten Dinge im Außen. Dadurch wird man ebenfalls zum toten Ding.

Wir sind aber nicht auf die Welt gekommen, um uns fremd bestimmen und verdinglichen zu lassen, sondern um unser Schicksal auszugleichen und uns in unserer Menschlichkeit zu vervollkommnen. Das geht nur über die Weiterentwicklung unseres Bewusstseins im Sinne der Erweiterung der Bewusstseinsgrenze ins Irrationale hinein oder anders ausgedrückt: der Verschiebung der Wahrnehmungsgrenze ins Übersinnliche hinein.

Die Kunst der Hexen besteht deshalb in der Ausbalancierung beider Bereiche, des Rationalen (Tonal) und des Irrationalen (Nagual). Die Grenze zwischen diesen beiden Bereichen ist der Zaun, auf dem die Hexe sitzt.

Anhang

Das magische Jahr - Dauerkalender

Tage mit besonderer Schwingung

An diesen Tagen fällt es viel leichter, durch Tanz Ich-Transzendenz zu erreichen, um den eigenen Geist zu kontaktieren und die zum Zaubern nötige Energie aufzubauen. Tanze:

- Schleiertanz für einen Erkenntniszauber mit Räucherwerk – 1./15.1., 24.6., 23.8., 31.10., 1./22.11.
- Stocktanz für einen Heilungszauber mit Kräutermagie – 26.2., 17./25.3., 15./19.4., 6.5., 1./21.6., 19.7., 15.8., 28.9., 21.12.
- Zimbeltanz für einen Reichtumszauber mit Edelstein- bzw. Amulettweihe – 16.2., 21.3., 19./30.4., 1./6./18./24.5., 9.6., 19.7., 28.9., 26.10., 16.11., 21./31.12.
- Baladi zur Anrufung der Göttin und für ein Vollmondritual – 6.1., 1./2./16.2., 14.6., 1./15.8., 21.9., 11.10., 1./25.12.
- Trommeltanz für eine Transformation mit Kerzenmagie – 30.1., 14.2., 1.3., 15./30.4., 1./18.5., 3./19.7., 13.9.

MÄRZ – **FRÜHLING** – zunehmendes Yang

1	Fest der Juno
2	
3	
4	
5	Fest der Isis
6	
7	
8	
9	
10	
11	
12	
13	
14	Fest der Schlangengöttin
15	

MÄRZ – **FRÜHLING** – zunehmendes Yang

16	
17	Fest der Libera
18	
19	
20	
21	Fest der Ostara - Frühlings-Äquinoktium
22	Fest der Bastet
23	
24	
25	Fest der Mati
26	
27	
28	
29	
30	
31	

Tage mit besonderer Schwingung im März:

1. März – Fest der Göttin Juno,
Schutzgöttin verheirateter Frauen. Guter Tag um Amulette,
Glücksbringer, Talismane herzustellen, das Haus / die
Wohnung einer rituellen Reinigung zu unterziehen und mit
Räucherstäbchen oder Duftlampen eine angenehme
Athmosphere zu schaffen.

5. März – Fest der Isis
Alt-ägyptische Göttin der Magie. Tochter der Himmelsgöttin
Nut und des Erdgottes Geb. Ähnlich wie die griechische Göttin
Demeter ist sie eine Hüterin der Familie und des Erdkreises.

14. März – Fest der Schlangengöttin Ua Zit bzw. Nagini
Der Schlangengöttin werden Speise- oder Trankopfer
dargebracht und um die Vertreibung von Armut gebeten.

17. März – Fest der Göttin Libera
Römische Göttin des Ackerbaus und der Natur. Guter Tag um
Kräuter zu sammeln und Tinkturen anzusetzen, Süßigkeiten
zuzubereiten und einen Teil der Naschereien der Göttin zu
opfern.

21. März – Fest der Göttin Ostara bzw. Tara
Frühjahrs-Tag- und Nachtgleiche. Guter Tag Fruchtbarkeits-
bzw. Reichtumsrituale abzuhalten. Heute unbedingt nach
draußen gehen und die Energien spüren und aufnehmen.

22. März – Fest der Göttin Bastet
Alt-ägyptische Göttin der Jagd. Als „Auge des Re" vernichtet
sie dessen Feind Apophis. Ihr entspricht bei den Römern die
Göttin Diana und bei den Griechen die Göttin Artemis.

25. März – Fest der Göttin Mati
Erdmuttergöttin. Guter Tag für Aussaat und auch dafür, den
Schutz der Göttin für die Pflanzen zu erbitten. Anschließend
der Göttin ein Trankopfer darbringen.

APRIL- **FRÜHLING** – zunehmendes Yang

1	
2	
3	
4	
5	
6	
7	
8	
9	
10	
11	
12	
13	
14	
15	Fest der Tellus Mater

APRIL – **FRÜHLING** – zunehmendes Yang

16	
17	
18	
19	Fest der Ceres
20	
21	
22	
23	
24	
25	
26	
27	
28	
29	
30	Walpurgisnacht

Tage mit besonderer Schwingung im April/Mai:

15. April – Fest der Göttin Tellus Mater
Römische Erdmuttergöttin. Guter Tag für Liebeszauber,
Lebenskraft erneuern, Kräuter sammeln und verarbeiten.
19. April – Fest der Göttin Ceres
Römische Erdmuttergöttin. Schlechter Tag für reisen und
Heilkräuter sammeln. Guter Tag für Kerzenmagie,
Lichtreinigung, Rituale mit Räucherwerk, Feueropfer, um
Schutz für Pflanzen zu erbitten.
30. April – Walpurgisnacht
Die Nacht auf den 1. Mai ist für Hexentanz, trommeln, rasseln,
zaubern für die Liebe geeignet.
1. Mai – Beltane - Hexenfest
Guter Tag für Fruchtbarkeits- / Reichtumsrituale.
6. Mai – Fest der Göttin Inghean-Bhidhe
Irische Göttin des Sommeranfangs. Guter Tag ein
Ebereschenbäumchen einzupflanzen, es zu hegen und zu
pflegen und die Göttin um Gesundheit und Wohlstand zu
bitten.
18. Mai – Fest des Gottes Pan
Griechischer Gott der Liebe und Traummann jeder Hexe. Wenn
man für Pan tanzt, kann man im Traum seinem Traummann
begegnen. Idealer Tag für Liebe, Geldgeschäfte und Rituale mit
Kerzenmagie.
24. Mai – Fest der Göttin Kali
Indische Göttin, Gattin des Gottes Shiva. Sie ist eine Göttin der
Transformation und Wiedergeburt. Der Name Kali bedeutet
‚die Schwarze'. Sie sei einst im Mai nach Südfrankreich
gekommen und wird dort von Roma-Stämmen als ‚Sara la kali'
bis heute verehrt. Kali ist eine starke Schutzgöttin und besiegt
alle Dämonen. Guter Tag für Schutz- und Bannrituale.

MAI – **FRÜHLING** – Yang

1	Beltane
2	
3	
4	
5	
6	Fest der Inghean-Bhidhe
7	
8	
9	
10	
11	
12	
13	
14	
15	

MAI – **FRÜHLING** – Yang

16	
17	
18	Fest des Pan
19	
20	
21	
22	
23	
24	Fest der Kali
25	
26	
27	
28	
29	
30	
31	

Tage mit besonderer Schwingung im Juni:

1. Juni – Fest der Göttin Carna
Römische Göttin der Ernährung. Eine Speise kochen und davon einen Teil der Göttin darbringen. Guter Tag für Meditation.

9. Juni – Fest der Göttin Vesta
Römische Göttin des Herdfeuers. Guter Tag, um den Haussegen durch ein Feueropfer für die Göttin wieder herzustellen.

14. Juni – Geburtstag der Musen
Neun griechische Göttinnen, Töchter des Zeus. Sie inspirieren Kunst und Kultur. Guter Tag für ein Kerzenritual zur Inspiration für ein Vorhaben in diesem Bereich.

21. Juni – Sommersonnenwende
Heute draußen ein Fest um ein Lagerfeuer feiern, an die Vergänglichkeit alles Seienden denken und dankbar für das eigene Leben sein. Holunderblüten sammeln, einen Tee zubereiten und zur Stärkung der Lebenskraft trinken.

24. Juni – Johannistag, Tag der Glücksgöttin, Tag der Feen
Vielleicht begegnet dir heute eine Fee und erfüllt dir einen Wunsch. Möglicherweise hast du Glück im Spiel.

JUNI – **SOMMER** – zunehmendes Yin

1	Fest der Carna
2	
3	
4	
5	
6	
7	
8	
9	Fest der Vesta
10	
11	
12	
13	
14	Geburtstag der Musen
15	

JUNI – **SOMMER** – zunehmendes Yin

16	
17	
18	
19	
20	
21	Litha – Sommersonnenwende
22	
23	
24	Johannistag. Fest der Fortuna. Tag der Feen
25	
26	
27	
28	
29	
30	

JULI – **SOMMER** – zunehmendes Yin

1	
2	
3	Fest der Cerridwen
4	
5	
6	
7	
8	
9	
10	
11	
12	
13	
14	
15	

JULI – **SOMMER** – zunehmendes Yin

16	
17	
18	
19	Hochzeit von Isis und Osiris
20	
21	
22	
23	
24	
25	
26	
27	
28	
29	
30	
31	

Tage mit besonderer Schwingung im Juli / August:

3. Juli – Fest der Göttin Cerridwen
Keltische Göttin der Transformation und Wiedergeburt. Guter Tag für Fruchtbarkeitsrituale aller Art. Mit einem Trankopfer der Göttin danken.

19. Juli – Hochzeit von Isis und Osiris
Altägyptische Gottheiten. Isis wurde sogar in Deutschland von dem Stamm der Sueven verehrt. Sie gilt auch als Göttin der Magie: Isis macht alles wieder heil!
Osiris gilt als Gott der Unterwelt, als 'Hüter der Schwelle'. Guter Tag für Zauber aller Art.

1. August – Lammas
Keltisches Erntedankfest. Dankbarkeit für die Gaben der Natur und des Lebens sind heute angebracht. Respekt und Ehrfurcht für die Kräfte, die das Leben gestalten und erhalten.

13. August – Fest der Hekate
Griechische Göttin der Unterwelt. Man ruft sie hauptsächlich bei Neumond an, um Schaden zu bannen, der die Ernte betreffen könnte.

15. August – Maria Himmelfahrt
Patronin der Frauen. Tag der Kräuterweihe. Einen Kräuterkranz flechten, an der Haustür außen aufhängen und Maria um Schutz vor allem 'Bösen' bitten.

23. August – Fest der Moiren
Drei griechische Schicksalsgöttinnen. Guter Tag, um die Göttinnen zu bitten bei der 'inneren Kampfkunst' im Umgang mit dem eigenen Charakter zu helfen.

AUGUST – **SOMMER** – zunehmendes Yin

1	Lammas
2	
3	
4	
5	
6	
7	
8	
9	
10	
11	
12	
13	Fest der Hekate
14	
15	Maria Himmelfahrt

AUGUST – **SOMMER** – zunehmendes Yin

16	
17	
18	
19	
20	
21	
22	
23	Fest der Moiren
24	
25	
26	
27	
28	
29	
30	
31	

Tage mit besonderer Schwingung im September:

13. September – Fest der Göttin Venus
Römische Liebesgöttin, vergleichbar mit Aphrodite. Guter Tag
für Liebeszauber aller Art.

19. September – Fest des Gottes Thot
Alt-ägyptischer Gott der Weisheit und Magie. Er hilft uns die
beiden Bereiche Tonal (Rationalität) und Nagual (Irrationalität)
im Gleichgewicht zu halten.

21. September – Herbst Tag- und Nachtgleiche
Keltisches Mabonfest. Heute wird den spirituellen Naturkräften
für ihre Begleitung und Hilfe beim Zaubern gedankt. Die
magischen Utensilien werden gereinigt und mit neuer Energie
aufgeladen.

28. September – Fest der Göttin Baubo
Griechische Göttin des Lachens. Erinnert uns daran, uns selbst
nicht zu wichtig zu nehmen und den Alltag mit seinen
Zwängen nicht zu ernst zu nehmen sondern mit Humor zu
betrachten. Lachen ist gesund.

SEPTEMBER – **HERBST** – zunehmendes Yin

1	
2	
3	
4	
5	
6	
7	
8	
9	
10	
11	
12	
13	Fest der Venus
14	
15	

SEPTEMBER – **HERBST** – zunehmendes Yin

16	
17	
18	
19	Fest des Thot
20	
21	Mabon – Herbst-Äquinoktium
22	
23	
24	
25	
26	
27	
28	Fest der Baubo
29	
30	

OKTOBER- **HERBST** – zunehmendes Yin

1	
2	
3	
4	
5	
6	
7	
8	
9	
10	
11	Fest der Demeter
12	
13	
14	
15	

OKTOBER – **HERBST** – zunehmendes Yin

16	
17	
18	
19	
20	
21	
22	
23	
24	
25	
26	Fest der Hathor
27	
28	
29	
30	
31	Nacht auf Samhain

Tage mit besonderer Schwingung im Oktober:

11. Oktober – Fest der Göttin Demeter
Griechische Ackergöttin sowie Göttin für Staatswesen, Ehe,
Haushalt, Kinderpflege. Opfergaben aus Wald und Flur werden
der Göttin Demeter dargebracht und um Gerechtigkeit und
Frieden für die gesamte Menschheit gebeten.
26. Oktober – Fest der Göttin Hathor
Alt-ägyptische Göttin für Liebe, Schönheit und Schicksal,
Kunst und Kultur, zugleich Herrscherin über die Unterwelt.
Hathor's Gesetz ist die Metamorphose der Gegensätze in ihr
Gegenteil, wie es im Großen Arkanum des Tarot dargestellt ist.
I Ging ist ebenfalls ein Buch des Wandels. Beide Orakel geben
Auskunft über das Wirken der Kräfte des Schicksals.
31. Oktober – Samhain
In der Nacht auf Samhain sind die Grenzen zwischen den
Welten geöffnet. Die Nacht für Kontakt mit verstorbenen
Freunden und Familienangehörigen im Traum nutzen, wenn
man das will.

NOVEMBER – **HERBST** – Yin

1	Samhain
2	
3	
4	
5	
6	
7	
8	
9	
10	
11	
12	
13	
14	
15	

Tage mit besonderer Schwingung im November:

1. November – Samhain
Keltischer Feiertag. Beginn des neuen Hexen-Jahres. Das alte
Jahr wird rückblickend bewertet. Den Göttern wird für
Wohlwollen und Beistand gedankt. Orakel werden befragt, um
den Schleier zwischen den Welten zu trennen, in die Zukunft
zu sehen und sich über sich selbst klar zu werden.
16. November – Nacht der Hekate
Griechische Mondgöttin. Hekate hilft Hexen, die eigene Macht
zu stärken, wenn man ihr um Mitternacht an einer
Wegkreuzung ein Speise- oder Trankopfer darbringt.
22. November – Fest der Göttin Artemis
Göttin der Jagd. Guter Tag, um Rituale für Selbstvertrauen
durchzuführen.
*„Innerer Friede beginnt in dem Moment, in dem du
entscheidest, Ereignissen oder anderen Menschen nicht zu
erlauben, deine Emotionen zu kontrollieren."* (Pema Chödrön)

NOVEMBER – **HERBST** – Yin

16	Nacht der Hekate
17	
18	
19	
20	
21	
22	Fest der Artemis (ägypt. Bastet)
23	
24	
25	
26	
27	
28	
29	
30	

Tage mit besonderer Schwingung im Dezember:

1. Dezember – Fest der Göttin Bona Dea
Römische Göttin für Fruchtbarkeit und Frauenheilkunde. Guter Tag, um mit Freundinnen ein Fest zu feiern bei dem gemeinsam Schutzamulette gefertigt und der Göttin geweiht werden.
21. Dezember – Wintersonnenwende, Fest der Göttin Lucina, eine römische Lichtgöttin; Julfest.
Die Wiedergeburt der Sonne wird gefeiert. Das Heim mit Kerzen schmücken und die Rückkehr der Lebenskraft in die Natur feiern.
25. Dezember – Fest der Göttin Holle
Germanische Wetter-Göttin und Göttin der Unterwelt. Sie belohnt fleißige Menschen und gibt den Seelen verstorbener Kinder ein Heim.
31. Dezember – zweites Fest der Göttin Vesta
Guter Tag, um die Zukunft zusammen mit seinen Lieben zu begrüßen.

DEZEMBER – **WINTER** – zunehmendes Yang

1	Fest der Bona Dea
2	
3	
4	
5	
6	
7	
8	
9	
10	
11	
12	
13	
14	
15	

Tage mit besonderer Schwingung im Januar / Februar:

1. Januar – Fest der Göttin Nanshe
Ein guter Tag, um Orakel zu befragen.

6. Januar – Fest der dreigestaltigen Mondgöttin Luna
Schütze dein Heim magisch gegen Diebstahl, Einbruch und Betrüger, indem du die Wohnungs-/Haustür außen mit Essigwasser reinigst und mit dem Zeigefinger die Buchstaben C, M, B (Catherina, Margareta, Barbara) darauf schreibst und so dein Heim der Mondgöttin weihst.

15. Januar – Fest der Göttin Carmenta
Schutzgöttin der Hebammen und werdenden Mütter. Guter Tag für Weissagungen, Zukunftsschau (nach ritueller Reinigung, siehe S. 109).

30. Januar – Fest der Göttin Pax
Diese Friedensgöttin gibt uns den Anlass alte Fehden beizulegen und zu überlegen, wie das familiäre Zusammenleben harmonischer gestaltet werden kann. Blumenschmuck und Kerzen sorgen für gute Stimmung.

1. Februar – Fest der Göttin Birgit
Göttin der Dicht- und Heilkunst. Ihr Symbol ist der Zauberkessel und das Feuer ist ihr untertan.
Ein guter Tag, um mit Kerzen ihrer zu gedenken und Heilsalben herzustellen.

2. Februar – Lichtmess
Guter Tag für Kerzenzauber und Amulettherstellung zum Schutz vor Blitz und Feuer.

14. Februar – Valentinstag / Luperkalien
Man kann Liebesamulette herstellen und mit dem/der Geliebten ein erotisches Fest feiern. Im alten Rom feierte man die Lupercalia, ein Fest der Fruchtbarkeit für die Tierherde, Wald und Flur.

16. Februar – Fest der Hekate
Göttin der Zauberei und der Unterwelt. Guter Tag für Beschwörungen, Rituale mit Räucherungen, Feueropfer und Kerzenmagie

26. Februar – Fest der Hygeia
Göttin der Gesundheit und Hygiene. Guter Tag, es sich gut gehen zu lassen und sich selbst zu pflegen, zu verwöhnen, mit einer Therapie zu beginnen oder die Seele 'baumeln' zu lassen.

DEZEMBER – **WINTER** – zunehmendes Yang

16	
17	
18	
19	
20	
21	Jul – Fest der Lucina
22	
23	
24	
25	Fest der Frau Holle
26	
27	
28	
29	
30	
31	Zweites Fest der Vesta

JANUAR – **WINTER** – zunehmendes Yang

1	Fest der Nanshe
2	
3	
4	
5	
6	Fest der Luna (chr.: Heilige Dreikönige)
7	
8	Fest der Justitia (ägypt. Ma'at)
9	
10	
11	
12	
13	
14	
15	Fest der Carmenta

JANUAR – **WINTER** – zunehmendes Yang

16	
17	
18	
19	
20	
21	
22	
23	
24	
25	
26	
27	
28	
29	
30	Fest der Pax
31	

FEBRUAR – **WINTER** – zunehmendes Yang

1	Imbolc – Fest der Birgit
2	Lichtmess
3	
4	
5	
6	
7	
8	
9	
10	
11	
12	Fest der Diana (ägypt. Bastet)
13	
14	Rom: Luperkalien (chr. Valentinstag)
15	

FEBRUAR – **WINTER** – zunehmendes Yang

16	Zweites Fest der Hekate
17	
18	
19	
20	
21	Rom: Feralia / Fest zur Besänftigung der Geister der Toten
22	
23	
24	
25	
26	Fest der Hygeia
27	
28	
29	

Rituelle Reinigung

Zur Reinigung des feinstofflichen Körpers eignen sich, außer für Schwangere, die 5 Tibeter (Yoga-Übungen) morgens auf nüchternen Magen. Der 1. Tibeter (rücklings liegend) reinigt den Astralkörper, der 2. Tibeter (knieend) den Kausalkörper, der 3. Tibeter (sitzend) den Vitalkörper, der 4. Tibeter (bäuchlings) den Ätherkörper und der 5. Tibeter (stehend) den Mentalkörper.

Wir können den Energiekörper aber auch mithilfe der fünf Elemente Luft, Feuer, Wasser, Erde und Holz in der Meditation rituell reinigen. Dazu brauchen wir als Symbol für das jeweilige Element ein Räucherstäbchen, eine Kerze, ein Glas Wasser, einen Edel- bzw. Halbedelstein und eine Pflanze
Beim Element _Luft_ arbeiten wir zwecks Reinigung des Mentalkörpers mit unserer Vorstellungskraft. Zünde das Räucherstäbchen an und nimm deine Meditationshaltung ein. Wenn du ruhig und entspannt bist, rufe das Element Luft zu dir. Spüre wie es dich umfächelt und umweht. Wenn das Gefühl für die Luft da ist, stell dir vor wie die Luft alles Dunkle und und Negative aus deiner Aura wegweht und mit sich fortnimmt. (Ergänzend hierzu können wir vor der Meditation zur Einstimmung einen Schleiertanz tanzen.)
Wir zünden eine Kerze als Symbol für das Element _Feuer_ an und stellen uns auf unser Herz ein. Wir fühlen uns in diesen Körperbereich ein und nehmen wahr, wie es sich dort anfühlt. Vielleicht ist dort Schmerz, Druck oder Beklemmung zu spüren. Nehmen wir es zur Kenntnis ohne es zu bewerten oder darüber nachzugrübeln. Akzeptieren wir einfach was da ist. Dann stellen wir uns vor wie eine helle, strahlende Sonne in unserem Herzen aufgeht, wie bei einem Sonnenaufgang. Die Sonne wird größer und strahlt immer heller und breitet sich von unserem Herzen in den ganzen Körper aus, bis sie ein Lächeln auf unser Gesicht zaubert. Auf diese Weise reinigen wir unseren Vitalkörper. Das Wissen über unser eigenes Strahlen hilft uns in unserem Alltag. (Ergänzend hierzu können wir vor der Meditation zur Einstimmung einen Trommeltanz tanzen.)

Danach arbeiten wir in der Vorstellungskraft mit dem Element Wasser. Wir trinken einen Schluck Wasser und stellen uns vor wie sich aus dem kosmischen Himmelstor wie Regen klares Wasser ergießt. Es durchflutet unsere Zellen, Adern, Venen und alles Gewebe und spült unreine Anhaftungen aus unserem Körper heraus. Sie fließen durch unseren Körper nach unten in die Erde und von dort zum unterirdischen Fluß Styx, der allen Unrat mit sich fortnimmt. Auf diese Weise reinigen wir unseren Astralkörper. (Ergänzend hierzu können wir vor der Meditation zur Einstimmung einen Baladi tanzen.)

Als Symbol für das Element Erde legen wir einen schönen Stein vor uns hin. Dann praktizieren wir die Erdungsübung auf S. 43 zwecks Reinigung des Ätherkörpers. (Ergänzend hierzu empfiehlt sich ein Zimbeltanz.)

Nun stellen wir unsere Pflanze als Symbol der Verbindung mit allen Lebewesen vor uns hin. Wir stellen uns in der Vorstellung auf das Sternenzelt ein und spüren die Energie des universellen Geistes. Das Universum strebt nach Harmonie und wir sind Teil davon. Gestatten wir der Energie des Universums uns zu führen, in Balance zu bringen und zu stärken. Wir sind miteinander verbunden und das Universum wirkt durch uns. Auf diese Weise reinigen wir unseren Kausalkörper. Verneigen wir uns innerlich in Dankbarkeit vor unserer Göttin, unserem Gott. (Ergänzend können wir vor der Meditation zur Einstimmung einen Stocktanz tanzen.)

Hier beenden wir die Meditation mit der Gewissheit, dass die Große Göttin uns führt und beschützt.

Achtung: Im Anschluss an eine rituelle Reinigung der Aura erscheinen oft verdrängte Emotionen und / oder die Ursachen von Blockierungen/Schatten im luziden Traum.

Literatur

Mikhael Bulgakov, Der Meister und Margarita, 1978
Paul Busson, Die Wiedergeburt des Melchior Dronte, 2017
Benita Cantieni, Tiger-Feeling, 2000
Carlos Castaneda, Das Feuer von Innen, 1987
Edgar Cayce, Über Sexualität und Erleuchtung, 1989
Daniel Dufour, Das verlassene Kind, 2012
Sergius Golowin, Die weisen Frauen, 1989
Michael Harner, Der Weg des Schamanen, 2013
Ulrike Hegers, Bauchtanz, 1987
Oskar Hodosi, Licht-Tantra, 1996
Erik Hornung, Geist der Pharaonenzeit, 1992
Richard L. Johnson, Ich schreibe mir die Seele frei, 1995
Serge Kahili King, Der Stadtschamane, 1991
Olga Kharitidi, Samarkand, 2005
Maria Langwasser, Hexenwissen alt & neu, 2012
Arno Plack, Die Gesellschaft und das Böse, 1991
Heinz-Peter Röhr, Wege aus der Abhängigkeit, 2010
Samuel Sagan, Rückführung – kostenlos bei: clairvision.org
Dietrich Schwanitz, Die Geschichte Europas, 2003
Shalila Sharamon, Bodo Baginski, Das Chakra Handbuch, 1989
José Silva, Robert B. Stone, Der Silva Mind Schlüssel zum
        inneren Helfer, 2004
Lillian Too, Feng Shui Lebensplaner, 2006
Tenzin Wangyal Rinpoche, Übung der Nacht, 2008
Richard Webster, Schütze Dich!, 2011
Claudia von Werlhof, Die Verkehrung, 2011
Eva Wlodarek, Weil du es dir wert bist, 2009
Kareen Zebroff, Yoga für Jeden, 1975

Die Autorin studierte an der FU Berlin Russistik. Ihre Magisterarbeit schrieb sie über das Okkulte, über die Bedeutung der verborgenen Wirklichkeit in M. Bulgakov's Roman: Der Meister und Margarita. Derart inspiriert halfen ihr desweiteren fernöstliche und orientalische Philosophien und Religionen sowie Taoismus und die alt-ägyptische Religion bei der Suche nach dem Sinn des Lebens hinter den verborgenen Zusammenhängen der Realität.

Yoga, Meditation, Orientalischer Tanz und andere östliche Übungen für Körper und Geist erweiterten ebenfalls das Bewusstsein und wirkten als Hilfe bei der Problemlösung und Orientierungssuche im Alltag.

Heute ist sie als Anhängerin des 'Alten Pfad' Mitglied in der FOI, einer Gemeinschaft zur Verehrung der Göttin.

Weitere Bücher von Shakti Morgane:

Die Lichtwesen des Tarot, ISBN 9783839116432
Die Richtung der Kraft & Tarot. Der Schlüssel zur Magie,
ISBN 9783848221042
Orientalischer Tanz und Ekstase & Kalender der Göttin,
ISBN 9783842364400
Hexenmondin, ISBN 9783744820967
Hexenflug, ISBN 9783752809527
Die Glücksfresser, ISBN 9783839103395
Kalender der Göttin, ISBN 9783741210693